RENÉ GIRARD

Realizações
Editora

Impresso no Brasil,
agosto de 2011

Título original:
*Pour un Catastrophisme
Éclairé – Quand
l'Impossible est Certain*
Copyright © Editions du
Seuil, 2002.
Todos os direitos
reservados.

Os direitos desta edição
pertencem a
É Realizações Editora,
Livraria e Distrib. Ltda.
Caixa Postal: 45321
cep: 04010 970
São Paulo, SP, Brasil
Telefax: (5511) 5572 5363
e@erealizacoes.com.br
www.erealizacoes.com.br

Editor
**Edson Manoel de
Oliveira Filho**

Coordenador da
Biblioteca René Girard
**João Cezar de Castro
Rocha**

Assistentes editoriais
**Gabriela Trevisan
Veridiana Schwenck**

Preparação de texto
Miriam Santos

Revisão
**Ana Tavares
Liliana Cruz**

Design Gráfico
**Alexandre Wollner
Alexandra Viude**
Janeiro/Fevereiro 2011

Diagramação e finalização
**Mauricio Nisi Gonçalves
André Cavalcante
Gimenez
/Estúdio É**

Pré-impressão e
impressão
Prol Editora Gráfica

Proibida toda e qualquer
reprodução desta edição
por qualquer meio ou
forma, seja ela eletrônica
ou mecânica, fotocópia,
gravação ou qualquer
outro meio de reprodução,
sem permissão expressa
do editor.

Uma primeira versão
deste texto foi
apresentada em 1º de
março de 2001 na sessão
de abertura do seminário
"Riscos", promovido
pela Controladoria Geral
do Plano Econômico
(Commissariat Général du
Plan), com o Ministério
da Organização do
Território e do Meio
Ambiente e a Diretoria
do Planejamento do
Ministério da Economia,
Finanças e Indústria.

RENÉ GIRARD
o tempo das catástrofes
quando o impossível é uma certeza

Jean-Pierre Dupuy

tradução Lília Ledon da Silva

Realizações Editora

Esta edição teve o apoio da Fundação Imitatio.

INTEGRATING THE HUMAN SCIENCES

Imitatio foi concebida como uma força para levar adiante os resultados das interpretações mais pertinentes de René Girard sobre o comportamento humano e a cultura.

Eis nossos objetivos:

Promover a investigação e a fecundidade da Teoria Mimética nas ciências sociais e nas áreas críticas do comportamento humano.

Dar apoio técnico à educação e ao desenvolvimento das gerações futuras de estudiosos da Teoria Mimética.

Promover a divulgação, a tradução e a publicação de trabalhos fundamentais que dialoguem com a Teoria Mimética.

So the Platonic Year
Whirls out new right
 and wrong,
Whirls in the old
 instead;
All men are dancers
 and their tread
Goes to the barbarous
 clangour of a gong.

W. B. Yeats, *The Tower*

This is the way the
 world ends
This is the way the
 world ends
This is the way the
 world ends
Not with a bang but a
 whimper

T. S. Eliot, *The Hollow Men*

sumário

11 quando o impossível é uma certeza
James Alison

17 o tempo das catástrofes

parte 1
o risco e a fatalidade

27 capítulo 1
um ponto de vista singular

43 capítulo 2
o desvio, a contraprodutividade e a ética

65 capítulo 3
a fatalidade, o risco e a responsabilidade

83 capítulo 4
a autonomia da técnica

99 capítulo 5
o catastrofismo em processo

parte 2
os limites da racionalidade econômica

125 capítulo 6
a precaução: entre o risco e o incerto

145 capítulo 7
o véu de ignorância e a fortuna moral

159 capítulo 8
saber não é crer

parte 3
o incômodo da filosofia moral, a indispensável metafísica

183 capítulo 9
a memória do porvir

195 capítulo 10
prever o porvir para mudá-lo (Jonas "versus" Jonas)

211 capítulo 11
o tempo do projeto e o tempo da história

237 capítulo 12
a racionalidade do catastrofismo

259 breve explicação

261
cronologia de
René Girard

265
bibliografia de
René Girard

268
bibliografia
selecionada sobre
René Girard

277
índice analítico

283
índice onomástico

quando o impossível é uma certeza

James Alison

De todos os autores estrangeiros cujos livros serão publicados na Biblioteca René Girard, talvez Jean-Pierre Dupuy seja o que tenha menos necessidade de ser apresentado ao público leitor brasileiro. Não somente por ter morado aqui vários anos, como também por ter família brasileira e ser um visitante regular em nosso meio. Aqueles que seguem a vida cultural e intelectual do país já tiveram diversas oportunidades de ouvi-lo em palestras e seminários realizados quase todos os anos no Rio de Janeiro, em São Paulo, em Brasília, em Belo Horizonte e em outras capitais nacionais. E quem aproveitou essas oportunidades já conhece seu papel de destaque na vida intelectual francesa atual.

Professor emérito de Filosofia Social e Política na École Polytechnique em Paris, ele ensina também na Universidade Stanford. É diretor de várias séries de livros por editoras francesas, como também autor de numerosos títulos. Foi diretor durante muito tempo do Centro de Pesquisa em Epistemologia Aplicada (CREA) e sua perícia como pensador rigoroso é valorizada por diversos grupos, como a Academia Francesa de Tecnologia, da qual é membro, o Conselho Geral das Minas e o grupo internacional que estuda a redução das armas estratégicas e nucleares, Nuclear Threat Initiative [Iniciativa sobre a Ameaça Nuclear]. É também colunista de variados temas da atualidade em jornais como o *Le Monde*.

Por tudo isso, é uma grande honra poder apresentar este livro, já que, no processo de minha própria compreensão do *insight* girardiano, devo muito a Jean-Pierre Dupuy. Ou seja, além da amizade de longa data que nos une, e do privilégio de termos partilhado da companhia de René Girard, os escritos de Dupuy, que estão entre os primeiros que li depois de conhecer a obra de Girard, abriram novos horizontes em minha própria trajetória. Sua capacidade de ver as possibilidades fecundas do pensamento girardiano em campos muito diferentes daqueles em que este atuou tem sido um modelo para mim, bem como sua maneira rigorosa de aplicar, nas discussões mais relevantes e atuais, as ferramentas que ele próprio tem desenvolvido independentemente de Girard.

Neste livro, caro leitor, você vai encontrar uma mesa farta. Vai juntar-se a pensadores como Henri Bergson, Ivan Illich, Gottfried Leibniz, Hans Jonas, Friedrich von Hayek, John Rawls, Heinz von Foerster e outros. Vai refletir com Jorge Luis Borges e o profeta Jonas. E para iluminar a aproximação com alguns dos *insights* mais notáveis desses pensadores e tecer um fio inesperado de conexões entre eles, vai ter a companhia do espírito sempre ágil de Dupuy, rápido para detectar paradoxos e cheio de conclusões surpreendentes.

Seu empenho nestas páginas está a serviço de uma proposta muito urgente, que é chamar a atenção para o incrível desafio que representa, para nós, assumir a responsabilidade pela nossa esperança; ao mesmo tempo, busca facilitar o esforço de higiene mental que é mister para que cultivemos essa esperança de maneira razoável. Jean-Pierre Dupuy quer que levemos a sério a possibilidade de que catástrofes bem reais, e até aniquiladoras, aconteçam no nosso mundo. E assume, sem vergonha, o rótulo de "profeta da catástrofe". Não porque queira que essas catástrofes aconteçam. Pelo contrário, é para que não aconteçam, e para que as profecias resultem erradas. Sua proposta é nos levar a um entendimento crítico do fatalismo, da preguiça e da frivolidade daquilo que passa por pensamento a respeito do futuro nas nossas sociedades industrializadas. A urgência vem do fato de ele ter um entendimento nada confortável daquilo que nos faz seres humanos. Junta-se a isso um senso muito amplo de tudo que fazemos na busca pela liberdade – mas que tende, de fato, a reduzi-la – e de como é imensamente arriscada a aventura da liberdade e da contingência na qual nos encontramos, mais ou menos dispostos a aceitar o desafio.

O problema principal que Dupuy quer esclarecer é descrito com a ajuda de uma reflexão de Henri Bergson, feita logo após a eclosão da Primeira Guerra Mundial. Bergson notou que uma coisa que parecia impossível, a catástrofe de uma guerra daquele grau de seriedade, uma vez que eclodira, igualmente parecia inevitável. Impossível antes e inevitável depois. A questão é, então, como prevenir algo que parece impossível, uma vez que só se consegue tomar precauções, calcular riscos e fazer planejamento com respeito àquilo que é imaginável e possível. E se porventura se consegue prevenir a irrupção de tal evento, e este ainda continua parecendo impossível, todas as medidas que se tomou para evitá-lo aparentarão ter sido vãs e desnecessárias.

O problema, como já indicado no subtítulo do livro, é que o impossível certamente vai acontecer. E para pensar, então, a certeza do impossível, é preciso forjar novas ferramentas intelectuais, que terão incidência e utilidade nos mais variados campos sociais, econômicos, militares, etc. Eis a tarefa principal do livro que você tem em mãos. Trata-se de um empreendimento muito sutil, e aquilo que dá mais prazer nestas páginas é justamente ver a fidelidade do autor na busca do razoável, ao mesmo tempo em que se recusa a aceitar os parâmetros vigentes da racionalidade.

Ou seja, aqui como em outros de seus livros, o interesse principal do autor é epistemológico – o pensar acerca de como se pensa –, sem aceitar de maneira alguma os paradigmas racionalistas e cognitivos do iluminismo e da modernidade. E aqui dá frutos seu deleite em mostrar como aquela racionalidade fica presa ao paradoxo. Pois Dupuy aprendeu muito de mestres como Ivan Illich sobre como avanços aparentemente racionais em toda uma série de campos são, na verdade, contraproducentes. É preciso outra racionalidade para dar conta disso, para não se deixar prender em ciladas pelos resultados inesperados. Começa a se vislumbrar nestas páginas uma distante possibilidade de como viver a inevitável institucionalidade humana de forma autocrítica. Mas tal vivência nunca será possível enquanto as pessoas não aprenderem a assumir responsabilidade sobre a maneira pela qual as instâncias sociais fogem do controle dos indivíduos que as compõem.

O nome de Girard não aparece no livro, mas a influência de seu pensamento é clara. Pois a forma como a imitação produz coisas novas, nem sempre de acordo com aquilo que pensam os envolvidos, é parte de uma leitura mimética dos fundadores do pensamento econômico que Dupuy vem realizando há muito tempo. Coube a ele demonstrar o quanto uma intuição da verdade mimética dos desejos humanos já se encontra presente no pensamento de Adam Smith, por exemplo. Essa intuição será muito esclarecedora para o perigo de certos tipos de *runaway* nos mercados financeiros, com resultados que, infelizmente, só chegaram a ficar mais evidentes nos anos entre a aparição deste livro em francês e o momento atual.

Mas não é somente quanto à imitação que Dupuy se mostra um pensador da família girardiana. Ele ousa entender aquilo que resulta num escândalo muito grande para o pensamento ilustrado: o fato de nossa realidade nunca escapar de suas raízes no primitivo sagrado, a não ser na medida em que se reconhecem e se levam a sério aquelas raízes. Dupuy é mestre em desvendar a presença de vestígios provindos do sagrado arcaico, em formas bem diluídas ou disfarçadas, mas ainda estruturantes, em todas as disciplinas mais modernas. Especialmente naquelas que se sentem mais isentas de tão humilhante dependência.

O resultado, e é isto que quero destacar ao leitor, para que comece a descobrir por si mesmo o alcance deste livro, é algo que poderia ser chamado de um tratado sobre a esperança. Não um tratado *teológico* da esperança, mas um tratado sobre as condições de possibilidade antropológicas de uma racionalidade suficientemente aguda para poder navegar com mente saudável a aventura cada vez mais aparentemente assustadora da contingência humana. Numa época em que a volta do pensamento apocalíptico serve mais para encobrir as realidades sumamente perigosas e realmente presentes – frutos de nossa própria produção – do que para iluminá-las, o caminho de avivamento intelectual que propõe o autor deste livro é de uma apaixonante sobriedade.

São Paulo, maio de 2011

o tempo das catástrofes

> *Para formar a imagem mental de uma situação desconhecida, a imaginação recorre a elementos conhecidos e por essa razão não a mentaliza. Mas a sensibilidade, mesmo a mais física, recebe, como o sulco do relâmpago, a assinatura original e por longo tempo indelével do novo acontecimento.*
>
> Marcel Proust, *Albertina Desaparecida*

Este livro tem como ponto de partida a palestra que apresentei no dia 1 de março de 2001 no Commissariat Général du Plan (Controladoria Geral do Plano Econômico) como conferência de abertura em um seminário sobre os "novos riscos". Nesse templo do pensamento econômico francês, esperava-se talvez que eu adotasse o tom apropriado a uma assembleia de responsáveis pela economia e de altos funcionários. Por convicção mais do que por provocação, decidi assumir uma postura "catastrofista". O leitor verá o que entendo por esse termo nas páginas que se seguem. Ao que parece, o texto teve impacto. Convidado a transformar em livro o que não passava inicialmente de uma palestra, tirei proveito de um curso que ministrei na Universidade Stanford na primavera seguinte para aprofundar, junto com meus alunos, os conceitos e os métodos desse "catastrofismo ilustrado" que submeto à atenção do leitor. Toda a base do trabalho já estava concluída no fim do verão.

Sobreveio o 11 de Setembro de 2001. Como todo acontecimento de grandes proporções, essa data define um "antes" e um "depois". Deu-se a catástrofe impensável. O pior aconteceu. As catástrofes que a minha reflexão enfocava eram das que decorrem da expansão desmedida do poder dos homens sobre o mundo. A do 11 de Setembro evidenciou a violência extremada que eles podem exercer uns sobre os outros. As definições seriam tão distantes? Não era irrelevante o fato de que as armas dessa violência fossem objetos técnicos desviados de suas funções, como se a potência se voltasse contra si mesma. A explosão de uma fábrica química em Toulouse, dez dias depois, levou tudo ao auge. Os políticos responsáveis e os comentaristas não perderam a oportunidade de associar os dois eventos. Respondendo ao chamado, o princípio de precaução veio prestar socorro para determinar a configuração e os limites da proteção contra futuros ataques terroristas. Pensou-se em reforçar cada nova central com uma série de mísseis solo-ar, como no centro de reprocessamento de dejetos radioativos em Haia. O sobrevoo do território francês pela aviação civil parecia fadado a se tornar uma aventura repleta de perigo. Estávamos próximos do tempo das catástrofes.

O mundo vivenciou o acontecimento de 11 de Setembro não tanto como um episódio inserido dentro do real de algo insano, logo impossível, mas sim como a irrupção do possível dentro do impossível. Comentava-se que o pior dos horrores tornar-se-ia possível a partir de então. Se ele *se tornava* possível, é que ainda não havia sido.

Entretanto, segundo a objeção que apresenta o bom-senso (?), se ele aconteceu, é justamente porque *era* possível. Eu colocara precisamente essa aparente contradição no cerne da minha construção de uma posição a um só tempo catastrofista e racional. Eu me convencera de que a ligação entre as catástrofes industriais e/ou tecnológicas e as catástrofes da violência se situava nesse ponto exato e não em uma analogia vaga sobre as *precauções* que convinha tomar em um ou em outro caso.

Bergson descreve, em *As Duas Fontes da Moral e da Religião*, as sensações sentidas em 4 de agosto de 1914 ao receber a notícia da declaração de guerra da Alemanha à França:

> Apesar de meu transtorno e do fato de que uma guerra, mesmo que vitoriosa, me parecesse uma catástrofe, experimentei, o que diz [William] James, um sentimento de admiração pela facilidade com a qual havia se efetuado a passagem do abstrato ao concreto: quem teria acreditado que uma eventualidade tão formidável pudesse efetivar sua entrada no real com tão pouco empecilho? Essa impressão de simplicidade dominava tudo. Pensando melhor nisso, percebe-se que se a natureza quisesse opor uma reação defensiva ao medo, prevenir uma contração da vontade diante da representação por demais inteligente de um cataclisma com repercussões sem-fim, ela suscitaria precisamente entre nós.

Portanto, o acontecimento simplificado, transmutado em personalidade elementar, essa camaradagem que nos põe à vontade, nos relaxa e nos predispõe simplesmente a cumprir nosso dever.[1]

Ora, essa inquietante familiaridade contrastava violentamente com os sentimentos que prevaleciam *antes* da catástrofe. A guerra aparecia então para Bergson "*ao mesmo tempo provável e impossível*: ideia complexa e contraditória, que persistiu até a data fatal".

Na realidade, Bergson destrincha muito bem essa aparente contradição quando faz uma reflexão sobre a obra de arte em seu ensaio "O Possível e o Real" escrito em consideração ao comitê Nobel que lhe atribuiu a recompensa suprema em 1930. "Acredito que se acabará achando evidente que o artista *crie o possível ao mesmo tempo que o real* quando executa uma obra", escreve. E acrescenta: "De onde vem então que provavelmente se hesitará em dizer o mesmo da natureza? O mundo não é uma obra de arte, incomparavelmente mais rica do que a do maior dos artistas?". Hesita-se ainda mais em estender essa reflexão à atividade destrutiva. Contudo, quem não sentiu diante das imagens do 11 de Setembro uma espécie de exaltação e de pavor que se assemelha ao sentimento do sublime, no sentido que Burke e Kant conferem à palavra? Dos terroristas, que decerto não deixaram em aberto uma dívida de sensações desse tipo, se fica também autorizado

---

[1] Henri Bergson, *Œuvres*, Édition du Centenaire. Paris, PUF, 1991, p. 1110-11. Bergson se refere aos sentimentos experimentados por James por ocasião do terrível terremoto de São Francisco em abril de 1906.

a dizer que eles criaram o possível ao mesmo tempo que o real. Como assinalei mais acima, tal foi a metafísica espontânea dos comentadores. Deve-se então prosseguir com Bergson a reflexão acerca desse ponto, pois, repito, ela toca o próprio âmago de nossa atitude diante da catástrofe.

No mesmo artigo, o autor de *O Pensamento e o Movente* relata a conversa saborosa que teve com um jornalista que o questionou, durante a Grande Guerra, a respeito do futuro da literatura. "Como o senhor concebe, por exemplo, a grande obra dramática do amanhã?". Bergson respondeu: "Mas a obra de que o senhor fala ainda não é possível". Ao que revidou o outro: "Entretanto é preciso que seja, já que ela se realizará", sendo o jornalista adepto sem saber de uma metafísica que chamaremos de leibniziana. Bergson afirmou: "Não, ela não é. No máximo posso conceder em que ela *terá sido*".

> Então o jornalista indagou: "O que o senhor entende por isso?". Bergson respondeu: "É muito simples. Que surja um homem de talento ou de gênio, que crie uma obra: ei-la real e por isso mesmo ela se torna retrospectiva ou retroativamente possível. Ela não seria, não teria sido, se esse homem não tivesse surgido. É por isso que lhe digo que ela terá sido possível hoje, mas que ela ainda não é".

Incrédulo, o jornalista afirmou: "Isso é ir longe demais! O senhor não vai querer afirmar que o futuro influi sobre o presente, que o presente introduz algo no passado, que a ação remonta o curso do tempo e deixa sua marca para trás?". Então, Bergson respondeu:

> Depende. Que se possa inserir algo de real no passado e trabalhar assim recuando no tempo, é uma coisa que nunca aleguei. Mas que se possa assentar lá algo possível, ou melhor, que o possível vá se assentar lá ele próprio a todo momento, isso não é duvidoso. À medida que a realidade se cria, imprevisível e nova, sua imagem se reflete atrás dela no passado indefinido; é fato que ela foi, em qualquer tempo, possível; mas é nesse exato momento que ela *começa a ter sido sempre*, e eis por que eu dizia que sua possibilidade, que não precede sua realidade, a terá precedido uma vez surgida a realidade.[2]

O tempo das catástrofes é essa temporalidade de certa forma invertida. A catástrofe, como acontecimento surgido do nada, só se torna possível "possibilitando-se", para falar como Sartre que, nesse ponto, terá registrado a lição de seu mestre Bergson. Encontra-se aí a origem de nosso problema. Pois se é necessário *prevenir* a catástrofe, é preciso crer em sua possibilidade *antes* que ela ocorra. Se, inversamente, se conseguir preveni-la, sua não realização a mantém no campo do impossível, e os esforços de prevenção mostram-se retrospectivamente inúteis. Neste

---

[2] Ibidem, p. 1340 (grifo meu).

livro eu defendo a tese de que o que se pensa hoje sob o nome de "precaução" com relação ao que é chamado, erroneamente como veremos, de "riscos" fica emperrado diante desse obstáculo fundamental. Portanto, a urgência é conceitual – antes de ser política ou ética. Proponho uma nova maneira de abordar essas questões.

Meus agradecimentos vão primeiramente para o controlador geral do Plano Econômico, Jean-Michel Charpin, e para o organizador do seminário sobre os riscos, Michel Matheu, pela confiança depositada em mim e os riscos que eles próprios correram ao convidar para seus debates esse "impedidor de pensar em círculos",[3] ou seja, o filósofo. Minha comunicação deu margem a inúmeras reações, algumas delas polêmicas, outras amistosamente críticas. Todas essas contribuições foram proveitosas, a começar pelas de dois eminentes pesquisadores incumbidos de me dar uma resposta, os professores Didier Sicard e Jacques Testart. Gostaria de expressar minha gratidão a eles bem como a François Ewald, Olivier Godard, Georges-Yves Kervern, Catherine Larrère, Raphaël Larrère, Christian Gollier, Grégoire Postel-Vinay e Bernard Guibert. Apresentei minhas ideias por ocasião de várias sessões do seminário de filosofia moral que Monique Canto-Sperber e eu promovemos na Escola Politécnica, assim como em alguns outros cenáculos. Aprendi muito com as observações e objeções que foram feitas a mim por Jon Elster, Pierre Livet, Jean Petitot, Philippe Nemo, Philippe Mongin, Michel Horps, Rodolphe Greif, Peter Railton, Lucien

---

[3] Obrigado a Philippe Pignarre por essa bela expressão, que deu o título da coleção de livros que ele dirige.

Scubla, Michel Bitbol, Michel De Glas, Pierre Saurel, Simon Charbonneau, Olivier Cuny, Aviv Bergman, Alexei Grinbaum, François Velde, Michel Petit e Ruwen Ogien. Agradeço a eles e em especial a Monique, que releu atentamente meu manuscrito, oferecendo apoio constante.

As ideias que aqui registro no papel são evidentemente de minha inteira responsabilidade. Afio, com toda a minúcia de que sou capaz, conceitos afiados (*concepts pointus*) para trabalhar uma matéria que habitualmente desencadeia as paixões devido à importância do que está em jogo. Para alguns a mistura de estilos poderá parecer arrojada. Guiei-me unicamente pela convicção de que daqui para a frente deveríamos pensar à sombra da catástrofe futura.

parte 1
o risco e a
fatalidade

capítulo 1
um ponto de vista singular

> *François Guery [a respeito dos OGM]: "O que a leva a pensar que o perigo é gravíssimo?". Corinne Lepage: "Ignoro se o perigo é gravíssimo ou não, e é precisamente esse o problema".*
> A Política da Precaução

Foi no século passado que a humanidade se tornou capaz de promover sua autodestruição, quer diretamente pela guerra nuclear, quer indiretamente pela alteração das condições necessárias à sua sobrevivência. A superação desse limiar estava preparada há muito tempo, mas ela tornou patente e crítico o que até então não passava de perigo em potencial. Hoje as crises que atingem indiscriminadamente o que se chama de meio ambiente são semelhantes a esses problemas de saúde mais ou menos graves que perturbam às vezes mais do que deveriam, pois são como que um lembrete da nossa condição mortal. Com o homem, a natureza ultrapassou a si mesma, mas assumiu um risco enorme. Entretanto, ela o dotou de faculdades espirituais, de um lampejo de sabedoria prática a que se dá o nome de ética, e é só fazendo bom uso dela que a humanidade pode ter esperança de conter seu excesso de poder sobre as coisas e sobre si, que é acima de tudo poder de destruição.

A sociedade industrial, que tem por base o desenvolvimento das ciências e das técnicas, parece estar descobrindo hoje – com *efervescência*, com confusão no pensamento! – que ameaças graves, para não dizer gravíssimas, pairam sobre seu futuro. "Riscos" é a palavra pela qual se optou para designar essa tomada de consciência. Procurarei mostrar que não foi uma boa escolha.

A questão dos riscos pode ser abordada sob diversos prismas. A teoria econômica é a disciplina das ciências humanas cuja instituição é a mais antiga do setor. Antes mesmo do seu aparecimento, a teoria da decisão para o futuro sob risco e incerteza havia despontado nos trabalhos dos mais eminentes matemáticos do Grande Século XVII. Graças aos inventores do cálculo das probabilidades, Pascal, Fermat e Huygens, dali por diante os jogos de azar passaram a ser da competência da legislação da razão humana. No século XX, o pensamento econômico achou por bem consolidar seus fundamentos elaborando uma teoria da escolha racional. Trata-se das obras, de fundamental importância, de Leonard Savage e de John von Neumann. É significativo que, procurando apresentar sob a forma de axiomas as hipóteses que, segundo eles, definiam a racionalidade, esses matemáticos tenham tomado o caso de um agente que se encontra ante um futuro incerto, tal qual um homem que decide jogar na loteria e pondera, por via das suas respectivas probabilidades, os ganhos que cobiça. É ainda dentro desse universo de pensamento que se acham os *experts* que, hoje, interrogam as ameaças que pesam sobre o meio ambiente ou a saúde humana. Quando um deles, tomado de pânico, exclama: "A humanidade apresenta problemas sérios. Aproximadamente dez mil pessoas por dia morrem inutilmente no mundo porque o meio ambiente apoderou-se das suas pobres vidas. (...) Estamos jogando com a sorte em relação ao clima futuro da Terra",[1] fica claro que ele não consegue se desprender da metáfora pascaliana dos jogos de azar. Mas será que os pobres britânicos que morrerão da doença da vaca louca – em número que vai de algumas centenas a algumas dezenas de milhares – dirão a si mesmos, quando do aparecimento dos primeiros sintomas, que erraram o número sorteado na loteria? Não, eles se revoltarão contra um destino injusto, uma fatalidade incompreensível em que eles acreditam não interferir em nada, ou então, buscarão, enquanto seu espírito em declínio permitir, as responsabilidades humanas por trás da infelicidade que os acomete.

Contudo, nos numerosos círculos nos quais se discutem as questões do meio ambiente e da saúde pública, são os economistas, ou em todo caso o espírito da economia, que predominam. O espírito do seguro também tem lá um lugar reservado, pois caso se pense que a ameaça assume a forma do risco que se corre apostando em um acontecimento aleatório, como a vitória de um time de futebol ou a de um cavalo em um campo de hipismo, então a ameaça é segurável. Porém, o próximo ataque terrorista de grande monta não é mais segurável que o terremoto de magnitude 8 ou mais que talvez engula San Francisco para dentro das águas da baía. Em resumo, o pensar do meio ambiente se reduz essencialmente à economia ambiental. Que esse quase monopólio cause muitos

[1] Timothy O'Riordan e James Cameron, "The History and Contemporary Significance of the Precautionary Principle". In: *Interpreting the Precautionary Principle.* Londres, Cameron May, 1994.

danos, há razões sólidas para ter receios. Nesse momento posso esboçar duas delas. Os economistas se prontificam a reconhecer que não dão conta da tarefa e que as dimensões éticas e políticas dos problemas que levantam não podem ser negligenciadas. No entanto, eles mantêm que seu procedimento é *separável* desse restante ou desse contexto que podem efetuar seus cálculos de risco entre quatro paredes. Defenderei, ao contrário, a tese de que a busca de uma ética apropriada à nossa situação presente implica um abalo nos fundamentos filosóficos do cálculo econômico. A outra razão que comanda combater o apoderamento da questão dos riscos pelo pensamento econômico, por exemplo, sob a forma dos balanços "custo-benefício" a que ele está afeiçoado, é que a economia joga nos dois lados. Ao ler os muitos relatórios dedicados ao "princípio de precaução", somos tomados por um sentimento de irrealidade, de tanto que, neles, o contexto em que se localizam essas ameaças chamadas de riscos está completamente apagado. Como se realmente a invasão do mundo pelo valor mercantil, essa redução de todos os setores da vida à problemática da produção e do consumo, não tivesse nada a ver com os perigos de que falamos! Como se realmente o pensamento econômico não fosse profundamente solidário desse grande movimento de unificação do mundo pela economia, desse embalo que se chama de "crescimento mundial", e que, aliás, ele tem a maior dificuldade em esclarecer, apesar de ele mesmo ser a condição da sua possibilidade!

Todavia, a economia não é a única ciência do homem a se dedicar a essas questões. A Psicologia Social dos fenômenos de pânico coletivo; a Socioeconomia Política da prudência moderna; o enfoque "ciências-tecnologiassociedades"; a reflexão político-administrativa sobre o papel do Estado no gerenciamento dos riscos e das crises: todas essas disciplinas e muitas outras estão sendo convocadas desde já para a elaboração de uma carta da democracia técnica que muitos fazem votos de ver concretizada e que redefiniria completamente os respectivos papéis dos cientistas, dos peritos, do Estado e da sociedade civil. Esses trabalhos são perfeitamente legítimos, e às vezes de alta qualidade. Eles tencionam dar à dimensão política uma posição prioritária em relação a quaisquer cálculos econômicos. Partem da convicção de que, enquanto a população bem informada não for associada às grandes decisões de desenvolvimento científico e técnico, toda política de "precaução" produzirá efeitos opostos aos esperados que ela produzisse. Ela causará o pânico e os extremismos em vez da tranquilização almejada. Receio que minha contribuição não acrescente nada a essa reflexão. É que considero esta última apressada demais. Sendo mais claro, ela está colocando a carroça na frente dos bois. Antes de imaginar os procedimentos políticos que possibilitarão a uma democracia científica e tecnológica tomar o caminho que ela quer tomar, ou, em todo caso, evitar as estradas que levem direto e bem depressa ao desastre, convém, ao que me parece, pensar sobre a natureza do mal com a qual estamos lidando nesse caso.

No decorrer das últimas décadas, enraizou-se progressivamente, sobretudo na França, a ideia de que a racionalidade coletiva só podia ser pensada no modo processual e que a democracia era, antes de tudo, uma questão de construção de um espaço público de comunicação e de deliberações. Dizer que a racionalidade é processual é dizer que uma vez fechado o acordo acerca dos procedimentos justos e bons, o que eles produzirão será *ipso facto*, por propriedade herdada de certa forma, justo e bom. É também, consequentemente, renunciar a procura, independentemente e antes de qualquer procedimento, dos critérios do justo e do bem – ou melhor, como veremos, do mal e do inaceitável. A racionalidade processual tem seu lado bom, exceto quando ela se constrói à custa da renúncia a toda racionalidade substancial.[2] A respeito de problemas tão essenciais para o futuro da humanidade quanto os desafios e os perigos da técnica, o recurso à persuasão por meio de armas de destruição maciça ou os problemas ditos ambientais, invocar a democracia se torna com demasiada frequência um álibi para a falta de reflexão normativa.

Ao ler esses trabalhos, somos tomados por uma certa sensação de irrealidade, muito mais paradoxal do que no

---

[2] O relatório ao Primeiro Ministro sobre *Le Principe de Précaution*, dirigido por Philippe Kourilsky e Geneviève Viney (Paris, Éd. Odile Jacob, 2000), chega ao ponto de teorizar essa renúncia nos seguintes termos: "Na ausência de certeza, a precaução consiste em privilegiar o rigor processual. Quando a 'verdade' de uma situação e a 'realidade' de um risco podem ser estabelecidas, é o rigor dos procedimentos e dos atores implicados em sua elaboração, sua execução e sua supervisão que se torna o valor dominante" (p. 21). Peço permissão para denunciar peremptoriamente a falsidade dessa asserção. Juntamente com Hans Jonas, afirmo que "o caráter incerto de todos os prognósticos a longo prazo (...) deve ser tomado ele próprio como um fato; para seu tratamento correto, a ética deve dispor de um princípio *que não seja mais ele próprio incerto*" (Hans Jonas, *Le Principe Responsabilité. Une Éthique pour la Civilisation Technologique*. Paris, Flammarion, col. "Champs", 1995, p. 79). Minha solução não é a de Jonas; porém, não mais que a dele, ela não se resigna às eventualidades dos procedimentos coletivos. Pode-se lamentar que um cientista tão eminente quanto Philippe Kourilsky e uma jurista tão circunspecta quanto Geneviève Viney tenham-se julgado na obrigação de colocar as palavras "verdade" e "realidade" entre aspas, como que numa concessão ao pensamento "pós-moderno".

caso da literatura econômica, a qual nunca escondeu sua inclinação pelas abstrações irrealizáveis. A posição sociopolítica, por sua vez, se propõe a ficar atrelada ao real, sem ingenuidade de espécie alguma. Ora, já que se trata aqui de pensar a relação da catástrofe com o incerto, o que a primeira nos diz sobre as origens dessa incerteza? Não se sabe se o aquecimento climático proveniente dos gases já presentes na nossa atmosfera provocará na escala de alguns séculos um aumento de temperatura de menos de dois graus ou de mais de sete graus, a diferença de impacto dessas duas conjecturas está na mesma ordem da que separa um machucadinho no queixo de um golpe mortal sobre o crânio. A margem de erro na estimativa da quantidade de vítimas britânicas da doença da vaca louca está hoje, como lembrado antes, em uma relação de um para cem, depois de ter atingido uma relação de um para mil. De que provêm essas incertezas? Hoje a resposta de praxe é que a controvérsia científica é a responsável por isso. O universo científico é um universo "controvertido". Convém dizer que uma parte dessa literatura é solidária com a versão *hard* da sociologia e da história das ciências. Ali a ciência fica representada como um campo de batalha em que o desenlace dos conflitos depende somente das relações de forças, onde todos os golpes estão autorizados contanto que propiciem ao "paradigma", e, sobretudo, aos seus torcedores, prestígio, poder, cargos e financiamentos. A incerteza científica seria então da mesma ordem que a gloriosa incerteza do esporte, o melhor dos times de futebol, estando sempre sujeito a perder a partida se o acaso inerente a toda competição resolver aprontar das suas. Com a ressalva de que, no caso da ciência, nem sequer seria possível dizer qual é o melhor time. Decerto que essa representação tem o mérito de não ser ingênua, mas há uma pergunta básica que ela nem mesmo se lembra de fazer, de tanto que está ocupada em desconstruir a imagem de uma ciência progredindo racionalmente: como, dessa briga de foice, pode surgir algo da ordem dessa objetividade e dessa operacionalidade de que é difícil dizer, sem má-fé, que elas não caracterizam a aventura tecnocientífica?

A reviravolta é estranha. Não são as propriedades intrínsecas do objeto, tornando o conhecimento irredutivelmente incerto, as responsáveis pelas controvérsias. As responsáveis pela incerteza são as controvérsias. Veremos que algumas das considerações que presidem à definição de um "princípio de precaução" só adquirem sentido quando se aceita, assim, trocar os pés pelas mãos.

Meu procedimento se dará em um plano totalmente diverso, o das teorias e dos conceitos – em suma, o da investigação filosófica. Deve-se compreender o mundo antes de começar a pensar em transformá-lo. No que diz respeito às suas transformações, ele bem que parece estar se encarregando por si próprio do trabalho todo, como se nós não existíssemos! Primeiro é preciso dispor de uma teoria que nos explique a etiologia dos perigos que nos ameaçam e por que o céu parece de repente prestes a desabar sobre nossas cabeças. Como escreveu François Guery: "Caímos de costas e descobrimos que consequências incríveis desabam em cima de nós sem que nos tivesse sido possível prevê-las".[3] Jean-Marie Domenach

---

[3] Corinne Lepage e François Guery, *La Politique de Précaution*. Paris, PUF, 2001, p. 198.

falava do "retorno do trágico" no mundo moderno.[4] Todos esses trabalhos que tratam dos "novos riscos" – segundo uma ótica puramente gestionária, como se no fundo não diferissem dos acidentes naturais que foram a sina das sociedades humanas através dos tempos – impressionam principalmente pela sua singeleza, indiferentes, como parecem ser, para com a própria situação que lhes deu origem.

Eu gostaria de dizer que meu modo de proceder está intimamente ligado ao meu percurso pessoal, que me levou da "Escola Politécnica" e do "Corpo das Minas" (*Corps des Mines*) à crítica radical da sociedade industrial, e dessa crítica ao meu ingresso na filosofia. Jean Ulmo, o grande filósofo das ciências, meu mentor na Politécnica e a quem devo o fato de ter conseguido dar a ela seu primeiro centro de pesquisas filosóficas, gostava de dizer a meu respeito que eu era um "extremista racionalista". Assumo essa posição desconfortável e é por isso que gostaria de fazer, aqui, a defesa de um "catastrofismo" racional ou ilustrado.

Nos anos 1970, fui daqueles que introduziram o pensamento de Ivan Illich na França.[5] Naquela época, já anunciávamos em suas linhas gerais o imenso pânico que parece estar se delineando em nosso horizonte imediato. Profecias de mau agouro hão de dizer. Também nesse ponto assumo minha atitude e tentarei justificá-la com argumentos racionais. Resumo aqui em poucas

---

[4] Jean-Marie Domenach, *Le Retour du Tragique*. Paris, Éd. du Seuil, 1967.
[5] Jean-Pierre Dupuy e Jean Robert, *La Trahison de l'Opulence*. Paris, PUF, 1976.

palavras, antes de me aprofundar mais adiante, o cerne da crítica illichiana, cujo conceito-chave se denomina "contraprodutividade".

Todo valor de uso pode ser produzido de duas maneiras, empregando dois modos de produção: um modo *autônomo* e um modo *heterônomo*. Assim, pode-se aprender despertando para as coisas da vida em um meio repleto de sentido; pode-se também receber educação por parte de um professor pago para isso. É possível se manter em boa saúde levando uma vida saudável e asseada; é possível também ser tratado por um terapeuta profissional. Pode-se ter uma relação com o espaço em que se habita praticando caminhada, bicicleta; pode-se também ter uma relação instrumental com o espaço, o objetivo sendo o de ultrapassá-lo, anulá-lo o mais depressa possível, transportado por máquinas. É possível prestar *serviço* a quem nos pede ajuda; é possível também responder: há *serviços* para isso.

Contrariamente ao que produz o modo heterônomo de produção, o que produz o modo autônomo não pode ser medido, avaliado, comparado, adicionado a outros valores. Os valores de uso produzidos pelo modo autônomo escapam ao controle do economista ou do contador. Decerto não se trata de dizer que o modo heterônomo é um mal em si. Longe disso. Mas a grande pergunta que Illich teve o mérito de colocar é a da articulação entre os dois modos. Não se trata de negar que a produção heterônoma pode vivificar intensamente as capacidades autônomas de produção de valores de uso. Simplesmente, a heteronomia aqui é apenas um *desvio de produção* a serviço de um fim que é necessário não perder de vista: a autonomia. Ora, a hipótese de Illich é que a "sinergia positiva" entre os dois modos só é possível em determinadas condições muito precisas. Para além de certos limiares críticos de desenvolvimento, a produção heterônoma gera uma reorganização completa do meio físico, institucional e simbólico, tanto que as capacidades autônomas ficam paralisadas. Instala-se então esse círculo vicioso divergente que Illich denominou *contraprodutividade*. O empobrecimento dos laços que unem o homem a si mesmo, aos outros e ao mundo se torna um potente gerador de demanda de substitutos heterônomos, que permitem sobreviver em um mundo cada vez mais alienante, ao mesmo tempo que reforçam as condições que os tornam necessários. Dá-se o resultado paradoxal: uma vez ultrapassados os níveis críticos, quanto mais a produção heterônoma cresce, mais ela se torna um obstáculo à realização dos próprios objetivos que ela deveria estar empenhada em cumprir: a medicina corrompe a saúde, a escola emburrece, o transporte imobiliza, as comunicações não comunicam, os fluxos de informação destroem o sentido, o recurso à energia fóssil, que retoma o dinamismo da vida passada, ameaça destruir toda vida futura e, *por último*, a alimentação industrial se transforma em veneno.

Desse fenômeno de *runaway*, dessa autodesregulamentação, dessa reação em cadeia fora de controle, Illich acreditava que só se podia falar em termos religiosos. Os homens são culpados de soberba e os deuses invejosos enviam para eles a deusa da vingança, Nêmesis.[6] Já

---

[6] Ivan Illich, *A Expropriação da Saúde – Nêmesis da Medicina*. Rio de Janeiro, Nova Fronteira, 1975.

contei em outra ocasião que a viagem ao México, onde vivia e trabalhava Illich, me fez passar do racional ao irracional, e do irracional à razão. De fato, conheci ali um dos fundadores da cibernética e, ainda mais além, das ciências cognitivas, Heinz von Foerster. Esse encontro devia me levar – astúcia de uma história pessoal – a virar um dos artesãos do desenvolvimento das ciências cognitivas na França, não sem manter para com elas um distanciamento crítico que não parou de se acentuar.[7] Em todo caso, me parece importante ressaltar que minha abordagem não constitui em absoluto uma crítica da razão moderna, visto que ela foi inteiramente instruída pela ciência e pela técnica. Algumas das minhas maiores alegrias se originaram da prática da ciência. Para mim, a imaginação matemática fez as vezes de poesia. Quanto à técnica, encaro menos como um instrumento, de qualquer forma inevitável, do que como um motivo de deslumbramento e de meditação. Eis algo que Heidegger e os heideggerianos não entenderam: o pensamento "mediante" pode achar o melhor exercendo-se nessas obras-primas do pensamento "calculante", as quais são hoje, por exemplo, as redes neurais na inteligência artificial, ou ainda, amanhã, os computadores quânticos que revolucionarão as nossas concepções do natural e do artificial.

O que está em questão aqui é a crítica do *projeto tecnicista* que caracteriza a sociedade industrial. Entendo por essa expressão a vontade de substituir o tecido social, as

---

[7] Jean-Pierre Dupuy, "The Mechanization of the Mind. On the Origins of Cognitive Science". Princeton, Princeton University Press, 2000. In: *Les Savants Croient-ils en leurs Théories? Une Lecture Philosophique de l'Histoire des Sciences Cognitives*. Paris, Éd. de l'INRA, 2000. (Col. "Sciences en Questions")

ligações de solidariedade que constituem a trama de uma sociedade, por uma fabricação; o projeto inédito de produzir as relações dos homens com os seus vizinhos e com o seu mundo como se produzem automóveis ou fibras de vidro. A estrada, o rim artificial e a internet não são apenas objetos ou sistemas técnicos. Eles trazem um certo tipo de relação instrumental com o espaço, com a morte e com o sentido. É essa relação instrumental, o sonho de dominação que ela encobre, que a crítica tem por obrigação analisar para medir-lhe os efeitos deletérios. Pois não seria admissível que, por quererem dominar a natureza e a história com suas ferramentas, os homens não conseguissem senão se transformar em escravos de suas ferramentas. O projeto tecnicista não é neutro: contrariamente às ideias feitas, de direita como de esquerda, o bem ou o mal não se produzem de acordo com as intenções daqueles que o dirigem. Na própria época em que a crítica illichiana dava-se a ouvir, o prefeito de Paris prometia fazer "estradas ecológicas" e os comunistas garantiam que, graças ao socialismo realizado, cada um passaria duas vezes mais tempo, do que na sociedade de "austeridade", deslocando-se por meio dos transportes coletivos. Eles não conseguiram impedir que uma sociedade construída ao redor das suas estradas e dos seus trens-bala criasse ainda mais barreiras entre os homens do que as que a sociedade chega a eliminar.

Criticar a "modernidade" não faria mais sentido do que criticar um tsunami ou um ciclone. Como Tocqueville, é preciso dizer que seu movimento é "um fato providencial; ele possui as suas principais características: é universal, é duradouro, escapa a cada dia à potência humana; todos os acontecimentos, como todos os homens, contribuem com o seu desenvolvimento". "Todos os homens", Tocqueville especificava: tanto "aqueles que combateram pelo desenvolvimento", quanto "aqueles mesmos que se declararam seus inimigos".[8] O filósofo alemão Hans Jonas, cujo pensamento teremos a oportunidade de comentar, pessoalmente concorda com isso, ele que contudo não poupa o seu "catastrofismo":

> Em todo esse contexto, escreve em *Éthique du Futur*, a força desempenha um papel complexo e em parte paradoxal. Fonte da infelicidade receada, ela é ao mesmo tempo o único meio de, eventualmente, impedi-la, pois faz-se necessária precisamente uma mobilização sem restrições desse mesmo saber, do qual decorre a potência funesta.[9]

Uma das lições não menos paradoxais da tragédia do 11 de Setembro de 2001 é que a contestação mais radical da modernidade opta pelo caminho niilista da destruição de preferência à via democrática da crítica. A tragédia não pode ela própria levar a bom termo seu empreendimento criminoso a não ser moldando-se na modernidade e explorando ao máximo os meios da sua potência.

Todavia o modo de desenvolvimento científico, técnico, econômico e político do mundo moderno sofre de uma contradição redibitória. Ele se quer, se pensa universal e nem sequer pode conceber que poderia não ser. Ele

---

[8] Alexis de Tocqueville, *Da Democracia na América*. Introdução.
[9] Hans Jonas, *Pour une Éthique du Futur*. Paris, Payot-Rivages, 1998, p. 104. (Col. "Rivages Poche")

chega até mesmo a crer nos seus delírios mais autísticos, que a história da humanidade não podia deixar de levar até ele. Ele constitui o fim da história, um fim que redime de certa forma todos os tateamentos que o precederam arduamente, e que, em função disso mesmo, lhes confere sentido. E, contudo, ele sabe agora que sua universalização bate de frente com obstáculos internos e externos inevitáveis.

> O modelo de desenvolvimento adotado por todos os países até hoje é fundamentalmente não durável, passando por cima das argúcias que cercam o conceito de desenvolvimento durável. Esse desenvolvimento de fato recorre amplamente à disposição de uma energia barata, essencialmente tirada dos combustíveis fósseis. Sabe-se que a quantidade disponível a custos razoáveis está terminada e não possibilitará o desenvolvimento previsível de todos os países do planeta durante muito mais que um século. A mudança climática induzida pela emissão na atmosfera do gás carbônico resultante da combustão dos recursos fósseis leva a considerar seriamente limites de prazo muito mais próximos: é um problema cuja importância na escala de algumas décadas é amplamente reconhecida.

Essas linhas não são de um esquerdista irresponsável. Elas estão assinadas por um dos especialistas franceses da instituição oficial Groupe d'Experts Intergouvernemental sur l'Évolution du Climat (GIEC) [Grupo de Peritos Intergovernamental sobre a Evolução do Clima],[10] instituído pela Organização Meteorológica Mundial e o programa das Nações Unidas para o meio ambiente: Michel Petit, membro do Conselho Geral das Tecnologias da Informação, que foi por muito tempo diretor de pesquisa da Escola Politécnica.[11]

Assim sendo, faz-se necessário que a modernidade opte pelo que lhe é mais essencial: sua exigência ética de igualdade que desemboca nos princípios de universalização, ou então o modo de desenvolvimento que ela tomou para si. Não se pode ao mesmo tempo querer guardar seu pedaço de bolo e comê-lo. Ou o mundo atualmente desenvolvido se isola, o que significará cada vez mais que ele se protege com escudos de todo tipo contra as agressões que o ressentimento dos marginalizados deixará cada vez mais cruéis e mais abomináveis; ou ele inventa para si uma outra maneira de se relacionar com o mundo, com a natureza, com as coisas e com os seres, que terá a propriedade de poder ser universalizado na escala da humanidade.

---

[10] Esse grupo é mais conhecido pela sua sigla em inglês, IPCC (International Panel on Climate Change).
[11] Comunicação no Conselho geral das tecnologias da informação, 22 de outubro de 2001.

capítulo 2
o desvio, a contraprodutividade e a ética

> *O horror, o horror.*
> Joseph Conrad, *O Coração das Trevas*

A crítica social do capitalismo e, de um modo mais abrangente, da sociedade industrial teve frequentemente como alvo a racionalidade instrumental, ou melhor, o monopólio que esta exerceria sobre a razão moderna. Do imperialismo da razão instrumental resultaria o que se chama, desde Max Weber, de o "desencantamento do mundo", o rebaixamento de todo ser e de todas as coisas ao estatuto de simples meio a serviço de um fim que o ultrapassa, a instrumentalização da natureza, etc. Encontra-se esse tipo de crítica em correntes de pensamento tão diversas quanto o marxismo, a crítica heideggeriana da técnica, a Escola de Frankfurt, o pensamento "pós-moderno" e a desconstrução filosófica, a ecologia política ou o ambientalismo. Eu gostaria de mostrar que estão mirando no alvo errado.

Em contraste, Illich terá proposto uma crítica poderosamente original do modo industrial de produção.

O que define este último, segundo ele, não são relações de produção, conforme a caracterização marxista do capitalismo, nem mesmo um certo tipo de relação técnica com a natureza. Na base, encontra-se a *lógica do desvio*. Essa lógica, por sua vez, está enraizada no religioso.

A obra de um dos grandes teóricos contemporâneos da escolha racional, Jon Elster,[1] nos servirá como ponto de partida. Elster destaca as afinidades eletivas que ligam o capitalismo ao sistema filosófico de Leibniz. Ele defende, como o autor da *Teodiceia*, a tese de que o ser humano se caracteriza pela sua capacidade de fazer desvios para atingir melhor os seus fins. Ele sabe se desviar para ir mais rápido, restringir temporariamente o que consome e investir para aumentar seu consumo global, recusar uma boa oportunidade a fim de esperar outra melhor ainda, etc. Para os etologistas, essa capacidade define a inteligência; ela parece estar intimamente ligada à racionalidade instrumental.

A filosofia da ação instituída pela teoria econômica está em conformidade com essa tese, já que, segundo ela, agir racionalmente é maximizar determinada grandeza. Elster insiste no fato de que esse princípio de maximização deve ser compreendido implicando uma maximização *global* e não simplesmente local. Vamos supor que se esteja em um pico da paisagem abstrata sobre a qual, pelo pensamento, se raciocine. Um pico mais elevado se ergue a uma certa distância. Quando não se pode dar

---

[1] Jon Elster, "Leibniz et la Formation de l'Esprit Capitaliste". Paris, Aubier Montaigne, 1975. In: *Ulysses and the Sirens. Studies in Rationality and Irrationality*. Cambridge, Reino Unido, Cambridge University Press, 1979.

por satisfeito com uma maximização local, então se terá de aceitar descer antes de subir novamente. A atitude contrária consistiria em cometer o que em inglês se chama de *first step fallacy*, ou "sofisma do primeiro passo". Aquele que quer alcançar a Lua e cujos esforços o levam ao topo de uma árvore fica obrigado a consentir em tornar a pôr os pés no chão antes de recorrer a alguma técnica mais eficaz.[2]

Elster sugere que o que chamamos de Razão encontra-se aqui inteiramente instruído pelo religioso e o ético. Elster, como grande quantidade de outros autores,[3] procurou acertadamente na *Monadologia* e na *Teodiceia* leibnizianas as fontes do racionalismo moderno. Vendo o homem como esse ser singular que é capaz de "recuar para saltar melhor", Leibniz, nesse ponto, faz dele a imagem fiel do seu Criador. Para realizar o melhor dos mundos possíveis, Deus teve de consentir, de fato, em deixar aí uma dose de mal, sem o qual o mundo real teria sido pior ainda. Tudo que aparenta ser um mal do ponto de vista finito da mônada individual é, do ponto de vista da Totalidade, um sacrifício necessário para o bem maior desta última. O mal é sempre sacrificial nesse sentido, e o sacrifício é um desvio. Louis Dumont caracteriza a forma da teodiceia com a seguinte fórmula: "O bem deve conter o mal e ao mesmo tempo ser o seu contrário".[4] O verbo "conter", aqui, tem o sentido de "englobar", e a forma paradoxal assim descrita é o que Dumont denomina "hierarquia" –

---

[2] Algumas mentes malignas, na França, verão aqui uma alegoria dos "picos" técnicos Minitel e Internet.
[3] Ver sobretudo Alain Renaut, *L'Ère de l'Individu*. Paris, Gallimard, 1989.
[4] Louis Dumont, *Essais sur l'Individualisme*. Paris, Éd. du Seuil, 1983, p. 242-43.

atribuindo ao termo o seu sentido etimológico de ordem própria do sagrado –, que ele define como "englobamento do contrário". Em outra situação, mostrei que sob a condição de ver na palavra "conter" o seu duplo sentido de "englobar" e de "reprimir", "impedir de avançar", a forma da teodiceia era essa mesma que Adam Smith dá ao que ele chama de "mão invisível".[5]

Racionalidade instrumental, justificação do mal, lógica econômica: essas três formas seriam estreitamente solidárias e constituiriam a matriz da Razão moderna. A racionalidade econômica é primeiro uma economia moral: é a gestão racional do sacrifício. O sacrifício é um "custo de produção": é o desvio indispensável para a obtenção do máximo de bem líquido.[6]

Defendo a seguinte tese. A lógica do desvio constitui, com efeito, um elemento-chave da "ideologia"[7] moderna e o coração da racionalidade econômica. Entretanto, caso se saia das representações que o homem dá a si próprio:
1) a capacidade de fazer um desvio está longe de ser uma propriedade essencial do ser humano, ela é recusada a ele em setores fundamentais da sua atividade, ou então ela aí

---

[5] Jean-Pierre Dupuy, "De l'Émancipation de l'Économie: Retour sur 'Das Adam Smith Problem'", *L'Année Sociologique*, vol. 37, 1987, p. 311-42; retomado em *Le Sacrifice et l'Envie. Le Libéralisme aux Prises avec la Justice Sociale*. Paris, Calman-Lévy, 1992, cap. III.
[6] Ver idem, "On the Rationality of Sacrifice", documento de trabalho no Centre de Recherche en Épistémologie Appliquée (CREA) [Centro de Pesquisa em Epistemologia Aplicada], em processo de avaliação para publicação.
[7] No sentido que Louis Dumont confere ao termo, sem a menor referência a uma vontade deliberada de ocultar a verdade das relações sociais ou a uma "falsa consciência". A ideologia é o sistema de ideias e de valores que governa o imaginário de uma sociedade.

permanece dificilmente mobilizável; 2) esta longe o fato de essa capacidade, quando está efetivamente presente, constituir uma "vantagem adaptativa",[8] ela pode se revelar o principal obstáculo para a ativação da racionalidade instrumental, a respeito da qual, análises por demais sumárias afirmam, ela é estreitamente solidária.

Mais precisamente: a lógica do desvio, na ética, parece profundamente detestável aos habitantes dos nossos territórios; a crítica illichiana da sociedade industrial evidencia que ela pode ser, no mais alto grau, contraproducente. Abordarei primeiramente esse último ponto antes de passar à questão da ética.

O que a crítica illichiana questiona não é propriamente a lógica do desvio como tal, mas a dominação que ela exerce sobre as mentes. Aquele que estiver tomado pelo estado de espírito do desvio pode cair em sua armadilha e chegar a perder de vista que o desvio não passa de um desvio. Aquele que recua para melhorar o salto mantém os olhos fixos no obstáculo que ele tem a intenção de vencer. Se ele recua olhando para a direção oposta, ele corre o risco de esquecer o seu objetivo e, tomando o seu retrocesso por um progresso, tomar os meios pelos fins. A racionalidade, então, se torna *contraprodutividade*, ela assume a forma do suplício de Tântalo. O critério que possibilita pôr em evidência essa inversão trágica não é senão o da adequação ótima dos meios aos fins, isto é, a

---

[8] Jon Elster chega ao ponto de escrever que, ao criar o homem – esse ser capaz de raciocinar estrategicamente e de não se dar por satisfeito com máximos locais –, a seleção natural se "transcendeu a si mesma" (*Ulysses and the Sirens*, op. cit., p. 16).

própria racionalidade instrumental. Ela não pode então ser a acusada.

Nos anos 1970, trabalhei com Illich em uma crítica desse tipo, cujo objetivo era justamente o de evidenciar a contraprodutividade das grandes instituições das nossas sociedades: escola, medicina, transportes, etc.[9] A radicalidade da crítica estava acrescida de escárnio, que naquela época era uma arma eficaz. O tiroteio hoje continua: uma sociedade que treme de medo pelo futuro das suas crianças não consegue mais rir dos reveses que a estão arrasando. Retomo aqui um elemento dessa crítica que, apesar de periférico, me parece ilustrar perfeitamente a distinção que acabo de estabelecer: o espírito do desvio pode se tornar um obstáculo da maior importância para pôr em prática a racionalidade instrumental. Na época, conduzi com a minha equipe cálculos bizarros (*bizarres*), porém rigorosos,[10] que levaram aos resultados seguintes: o francês comum dedicava mais de quatro horas por dia ao seu carro, quer deslocando-se de um ponto a outro do seu trajeto habitual, quer simplesmente cuidando do carro, quer, principalmente, trabalhando em fábricas ou escritórios a fim de obter os recursos necessários à sua aquisição, à sua utilização e à sua manutenção. Voltando recentemente aos dados que tínhamos levantado para efetuar esse cálculo, cheguei à

---

[9] Ver Ivan Illich, *Énergie et Équité*. 2. ed. Paris, Éd. du Seuil, 1975, com um anexo de Jean-Pierre Dupuy, "À la Recherche du Temps Gagné". (Col. "Techno-critique")

[10] Receio não ter sido, nisso tudo, senão o indivíduo que "equacionava Illich". Onde este se fincava obstinadamente na linguagem religiosa, eu recorria com obstinação não menor à lógica e aos mecanismos. Expliquei-me a respeito na "Introduction" ao meu *Ordres et Désordres*, Paris, Éd. du Seuil, 1982.

conclusão de que a situação atual está sem dúvida pior do que a de vinte anos atrás.[11]

Dividindo a quantidade média de quilômetros percorridos, sem diferenciar os tipos de trajetos, por essa duração (ou "tempo generalizado"), se obtém algo da ordem de uma velocidade. Essa velocidade, que denominamos "generalizada", é de aproximadamente sete quilômetros por hora, um pouco superior, pois, à rapidez de um homem caminhando, mas sensivelmente inferior à de um ciclista.[12] Qualifiquei de "bizarro" o cálculo em questão. Convém assinalar que ele é atinente à mesma problemática que os cálculos efetuados pelos engenheiros econômicos quando, tendo que comparar, por exemplo, as vantagens líquidas respectivas de dois meios de transporte, estabelecem "custos generalizados" que fazem intervir um "valor do tempo". Estando este em geral ajustado ao salário-hora, o tempo generalizado que calculamos não é senão o custo generalizado dos engenheiros econômicos dividido pelo valor do tempo. Em vez de converter as durações em unidades monetárias, convertemos os custos em unidades de tempo.

O resultado obtido, *aritmeticamente*, significa isto: o francês típico se estivesse privado do seu carro, e, por conseguinte, vamos supor, se estivesse liberado da

---

[11] Jean-Pierre Dupuy, "Le Travail Contreproductif", *Le Monde de l'Économie*, 15 de outubro de 1996.
[12] A comparação, para ser correta, exige que se leve em conta não a velocidade média efetiva da bicicleta, e sim sua velocidade generalizada. Entretanto, o custo de aquisição e os custos de utilização e de manutenção desse meio de locomoção sendo dos mais modestos, a diferença entre as duas grandezas é mínima.

necessidade de trabalhar longas horas para poder pagá-lo, dedicaria menos "tempo generalizado" com transporte, fazendo todos os seus deslocamentos presentes de bicicleta – vale frisar: *todos* os seus deslocamentos, não apenas os que o levam cotidianamente a transpor o espaço que separa o seu domicílio do seu trabalho, mas também os que, nos fins de semana, o conduzem à sua distante casa de campo e, quando chegam as férias, rumo às margens douradas de uma riviera longínqua. Esse quadro "alternativo" seria tido por todo mundo como absurdo, sem cabimento. Entretanto, com ele se economizaria tempo, energia e recursos raros, e ele seria ameno para com o que chamamos de meio ambiente. Onde então está a diferença que faz com que, em um caso, o absurdo da situação fique patente, ao passo que ele permanece disfarçado no outro? Pois, afinal de contas, será que é menos insensato trabalhar uma boa parte do seu tempo a fim de pagar os recursos para ir ao seu trabalho?

Para o cálculo precedente, a equivalência entre uma hora de transporte e uma hora de trabalho, uma e outra consideradas simples meios a serviço de um outro fim, é ponto pacífico. Essa equivalência é a mesma que inspira os cálculos dos engenheiros econômicos. Pode-se contestá-la, mas é preciso primeiro notar que ela não faz outra coisa senão levar a sério a lógica do desvio de produção. O transporte, não mais que o trabalho, não é um fim em si. O cálculo econômico vê como sua missão contabilizar rigorosamente o sofrimento dos homens para possibilitar aos administradores que eles tornem esse sofrimento, globalmente, tão brando quanto possível. Ora, a etimologia revela que tanto o *trabalho* quanto o transporte (contanto que se analise o termo em inglês: *travel*) são fontes de padecimentos e tormentos: ambas as palavras, "trabalho" e *travel*, são uma duplicação uma da outra, derivadas, tanto uma quanto a outra, desse instrumento de tortura feito de três paus, ao qual, na Idade Média, se dava o nome de *tripalium*.

A bem da verdade, se esconde de nós o absurdo de um modo de vida e de uma estruturação do espaço-tempo social que levam tanta gente a gastar tanto tempo generalizado em suas locomoções para uma eficácia média tão insignifcante, é que eles substituem o tempo de transporte por tempo de trabalho. Em princípio – esse princípio nós chamamos de desvio de produção –, esse trabalho não passa de um meio a serviço de um transporte mais rápido e mais eficiente, transporte que, por sua vez, não passa de um meio a serviço de outra coisa ainda – por exemplo, "aproximar as pessoas que se amam", para citar a primeira propaganda do Concorde. Fiel (para revelar melhor o seu caráter ideológico) à lógica do desvio, o cálculo que fizemos mostra que o tempo gasto em conceber e fabricar engenhos potentes pretensamente capazes de fazer "ganhar tempo" faz muito mais do que anular o tempo que eles efetivamente poupam. A lebre trabalha sem parar nos gabinetes de projetos e nas linhas de montagem, mas, tal como na fábula, a tartaruga é que chega em primeiro lugar. Que lástima! É uma espécie em extinção. A *economia* seria economizar o penar e os esforços dos homens? Quanta ingenuidade! Quem não vê que tudo acontece como se o objetivo fosse, pelo contrário, ocupá-los sem descanso, nem que seja fazendo com que se mantenham pisoteando, cada vez mais depressa, sem sair do lugar?

A partir do momento em que o trabalho passa a estar dividido, ele constitui o desvio de produção por excelência. Veja, por exemplo, que alguns trabalham produzindo máquinas de morte para obter recursos que lhes possibilitarão ter acesso aos serviços de uma medicina de alto custo, e isso para produzir um valor – a sua saúde – que eles poderiam ter produzido, em grande medida, de forma autônoma, levando uma vida mais saudável e asseada. O espírito do desvio de produção foi de tal forma corrompido pela sociedade industrial e pela divisão do trabalho forçada ao extremo, que o desvio, seu comprimento, a energia despendida para percorrê-lo se tornam fins em si e metas que se busca alcançar por elas mesmas. Eis aí por que o cálculo da velocidade generalizada do automóvel desperta mal-estar em muitos espíritos: o cálculo trata o trabalho na função *input*, ao passo que o trabalho, sob sua forma de emprego assalariado, se tornou o *output* por excelência. Mais uma vez, os únicos que deveriam levar esse cálculo a sério são os economistas profissionais. Produções que são consensualmente vistas como supérfluas ou até nocivas ficam legitimadas pelo trabalho que elas fornecem à população. Ninguém se atreve a atenuar a redução do tempo de vida útil dos objetos nem os desperdícios destruidores dos recursos naturais não renováveis, grandes consumidores de energia e intensos poluidores do meio ambiente, pois eles garantem o emprego. Na época em que fazíamos esse cálculo, quando um sindicato operário, na França, exigia com violência que se desse continuidade ao programa Concorde, será que era por pensar que ele aceleraria dessa maneira o advento da sociedade sem classes na qual todos os ex-proletários voariam em supersônicos? É claro que não, é o trabalho que ele defendia. Na mesma época aproximadamente, quando outro sindicato operário justificava a redução das desigualdades sociais dando como motivo que isso aceleraria o "consumo popular" e assim impulsionaria o crescimento, e, em função disso mesmo, também o trabalho necessário, deve-se julgar que ele estava confundindo o fim e os meios? Não, pois a finalidade da sociedade industrial é exatamente produzir desvios de produção, isto é, trabalho.

Se o desvio de produção é sinal de inteligência, então a sociedade industrial é burra por ser tão inteligente – burra até a morte. Em todo caso, era o que eu acreditava ser a verdade há vinte anos, enquanto colaborava com Illich. Hoje eu seria mais cauteloso. Não que minhas convicções tenham mudado muito, mas por motivos prudenciais ou práticos. Parece que essa loucura coletiva que chamamos de crescimento econômico mundial tem uma dimensão "providencial" no sentido de Tocqueville – como se a transformação, mesmo que violenta e prejudicial, do nosso planeta em um só mundo manifestasse um projeto cuja fonte e tema continuam sendo um profundo mistério. Mas há um ponto a respeito do qual a minha revolta não diminuiu: o de que os tecnocratas que tratam de nos governar – de forma amena e pedagoga, ou então brutal e decisiva, o que não muda nada nessa história toda – apresentem-se como ditame da Razão, o que não passa do cúmulo, tragicocômico, do absurdo; eis o que o racionalista que eu continuo sendo, apesar de tudo, jamais poderá tolerar.

Chego agora à questão da ética. A ética a que me refiro é a nossa ética do "senso comum", arraigada nas tradições religiosas e filosóficas próprias à nossa cultura. Em grande parte do que é constituída, as intuições são *deontológicas*, no sentido em que elas se traduzem por interditos e obrigações absolutos, isto é, que se impõem independentemente de saber o quanto custa, em termos de consequências para si e para o mundo, respeitá-los. Elas creem, seguindo uma tendência rousseauísta e kantiana, que a mais elevada das faculdades morais, a autonomia, é a que consiste em limitar a sua individualidade dando a si próprio uma lei ou regra imparcial, transcendente e fixa, e atendo-se a ela. A moral do senso comum é também uma moral das intenções que avalia o valor de um ato por sua conformidade com certas normas, bloqueando a avaliação das consequências.

É instrutivo notar o que uma ética, tal como essa, pode apresentar de chocante para uma doutrina moral – pois isso existe – que esteja em conformidade com o princípio do desvio de produção. Examinarei o caso das doutrinas ditas *consequencialistas*, cuja variante utilitarista está particularmente próxima do modo de pensar econômico. O consequencialismo prescreve que cada um aja de forma a contribuir com a maximização de uma grandeza global que faz intervir o conjunto dos interesses em jogo, independentemente da identidade das pessoas a que pertencem esses interesses.[13] A racionalidade consequencialista é, pois, como a racionalidade econômica, uma racionalidade instrumental – os meios tiram dos fins a sua razão de ser. Decerto não é a racionalidade econômica, já que

---

[13] A variante utilitarista do consequencialismo é a que adota como grandeza global a ser maximizada a soma algébrica dos padecimentos e dos prazeres.

ela encarna um ideal de imparcialidade alheio à racionalidade instrumental. Entretanto, o que me interessa aqui não é diretamente a relação entre economia e ética, mas o fato de que uma doutrina *já* ética, isto é, que respeita o princípio de maximização entre em choque frontal com convicções morais das mais bem ancoradas.[14]

No ponto de partida, convicções morais muito firmes: o assassinato é um mal, bem como a mentira, ou ainda o fato de não cumprir as suas promessas. A moral comum edifica com base nessas convicções um sistema de interditos e de obrigações que se impõe de modo absoluto a cada agente: não matarás; honrarás os teus compromissos, etc. Porém, afirma o consequencialismo, se é mau que um agente cometa um crime e se é bom que ele cumpra com o prometido, o mundo ficará melhor proporcionalmente à diminuição do número de agentes cometendo assassinatos e ao aumento do de agentes honrando seus compromissos. Está aí uma exigência de racionalidade maximizadora que, em si, não é moral, é até mesmo anterior e independente de toda moralidade, mas que, inserida em nossas convicções a respeito do bem e do mal, engendra o princípio consequencialista: é preciso visar ao crescimento do bem e ao decréscimo do mal, *globalmente* no mundo.[15] Ora, acontece que em casos excepcionais, que constituem cada qual um dilema para a reflexão ética, a meta maximizadora global prescreve a

---

[14] Ver Jean-Pierre Dupuy, "Éthique et Rationalité". In: Monique Canto-Sperber (org.), *Dictionnaire d'Éthique et de Philosophie Morale*. Paris, PUF, 1996.
[15] Ver Samuel Scheffler, *The Rejection of Consequentialism*, Oxford, Oxford University Press, 1982; e Samuel Scheffler (org.), *Consequentialism and its Critics*, Oxford, Oxford University Press, 1988.

transgressão dos interditos e a esquiva diante das obrigações da moral do senso comum. Assim, esta, do ponto de vista do consequencialismo, se encontra na posição paradoxal de ter de recusar de maneira absoluta o que globalmente minimizaria o mal e maximizaria o bem, e isso em nome de interditos e de obrigações que não têm outra justificação senão a de impedir esse mal e favorecer esse bem. "Não matarás", que seja. Mas e se, ao matar um inocente, eu evito que 22 outros inocentes sejam mortos? Se eu considero verdadeiramente que tirar a vida de um inocente é algo abominável, então o impedimento que se aplica ao assassinato, nesse caso, parece contrário à razão. A moral tradicional (cristã, kantiana, deontológica) aparenta então ser culpada de irracionalismo. Ela se nega a "recuar para saltar melhor"; não aceita a lógica do sacrifício; rejeita o princípio do desvio.

Quando autores críticos do utilitarismo, como Robert Nozick, procuram deixar o utilitarismo em uma situação embaraçosa, eles recorrem com frequência a casos do seguinte tipo:

> Uma multidão enfurecida, saqueando, incendiando e matando tudo que encontra pela frente, obviamente violará os direitos das suas vítimas. Consequentemente, alguém poderia ficar tentado a justificar o castigo de uma pessoa que ele sabe ter ficado de fora do crime que inflamou a multidão, argumentando que essa punição dada a um inocente permitiria evitar violações ainda maiores dos direitos do homem,

e aproximaria a comunidade do nível ótimo global definido pela minimização dessas violações.[16]

O argumento parece ser o de que – já que não há nada que nos deixe mais horrorizados do que o fato de deixar um inocente à mercê de uma multidão descontrolada – o utilitarismo, que justifica isso, deve ser condenado. Mas cumpre condenar também os princípios mais básicos daquilo que chamamos de Razão? A situação montada por Nozick não é senão a escolha de Caifás, e é de fato à pura razão dos seus interlocutores que ele se dirige ao lançar aos sumos sacerdotes e aos fariseus: "*Vós nada entendeis.* Não compreendeis que é de vosso interesse que um só homem morra pelo povo e não pereça a nação toda?" (João 11,49-50).

Contudo, muito temerário se mostraria o utilitarista que recomendasse condenar a moral do senso comum, sem mais. Há uma incompatibilidade radical entre a ética deontológica e a doutrina consequencialista, e é a questão da racionalidade do desvio (que se chama aqui *sacrifício*) que as mantém irremediavelmente apartadas. É no religioso que se pode, uma vez mais, encontrar a chave dessa distância. O Deus de Leibniz se situa, na verdade, no oposto daquele que se exprime nos Evangelhos: "Qual de vós, tendo cem ovelhas e perder uma, não abandona as noventa e nove no deserto e vai em busca daquela que se perdeu, até encontrá-la?" (Lucas 15,4; Mateus 18,12-14). Essa lição é por natureza antieconômica por inverter rigorosamente

---

[16] Robert Nozick, *Anarchy, State, and Utopia*. Nova York, Basic Books, 1974.

os termos da problemática sacrificial:[17] o deserto é o lugar onde, tradicionalmente, o bode expiatório fica abandonado para o demônio Azazel a fim de que a comunidade possa viver.[18] Suspeito da lição que está aqui em causa de inspirar em alto grau a repugnância extrema da moral do senso comum para com a lógica do desvio.

Acabo de colocar em cena o conflito entre a lógica econômica, maximizadora e, por conseguinte, sacrificial, e a moral do senso comum que, pelo menos em determinadas circunstâncias, rejeita o desvio sacrificial. É nesse embate entre duas exigências normativas que vejo a chave de um paradoxo que inúmeros analistas notaram. As sociedades modernas gozam de um grau de segurança sem igual na história e, contudo, se assumem cada vez mais como "sociedades de riscos".[19] Sua sensibilidade ao infortúnio não teria qualquer relação com a importância objetiva dos males de que se queixam. A percepção "subjetiva" estaria desconectada da apreensão científica e racional dos riscos. Daí a concluir que a primeira é irracional em sua

---

[17] Inversão encenada de maneira assombrosa por Steven Spielberg em *O Resgate do Soldado Ryan*. O capitão Miller, com seu estado de espírito todo utilitarista, consequentemente sacrificial – ele não para de avaliar o peso das vidas que ele encaminha para a carnificina em relação àquelas, "dez vezes mais numerosas", que ele salva com isso –, é enviado numa missão de salvamento de um soldado, um único soldado, quase anônimo (o exército americano formiga de Ryans), pela vida de quem ele vai dar (não sacrificar) a da maioria dos seus homens e a sua própria. O filme mostra de maneira admirável como essa missão, que ele e seus homens julgam inicialmente insensata, acaba pouco a pouco lhes parecendo a única que pudesse dar um sentido ao seu combate.
[18] Ver a bela meditação de Michel Serres, "One God or a Trinity?". *Contagion. Journal of Violence, Mimesis, and Culture*, vol. 1, primavera de 1994.
[19] Ulrich Beck, *Risk Society: Towards a New Modernity*. Londres, Sage, 1992. Idem, *World Risk Society*. Cambridge, Reino Unido, Polity Press, 1999.

"aversão ao risco" e que a educação científica e técnica do povo deveria lhe possibilitar compreender o que ainda não lhe foi suficiente ou adequadamente explicado é um passo que a elite tecnocrática às vezes não hesita em dar. Contudo, essa psicologia de amador não convence muito e é preciso se posicionar em um outro nível.

Consideremos todos aqueles que, nas nossas sociedades ricas, encontram as portas fechadas na frente do principal acesso ao reconhecimento social: o trabalho; que só recebem recusas ao tentar conseguir esse mínimo que até mesmo o homem primitivo tinha assegurado para si: um abrigo; todos aqueles em quem há, talvez, um artista, um poeta, um músico, ou simplesmente um engenheiro ou um cientista da computação em estado latente, e que não terão jamais a oportunidade de desenvolver seus talentos por falta do aprendizado necessário: são os "excluídos", ou pelo menos é essa a etiqueta que se cola neles. Mas seriam eles excluídos *ao menos para* alguma coisa?

As palavras destacadas, "ao menos" e "para", concentram toda a dificuldade da pergunta. Faço delas o eixo da minha reflexão.

O "ao menos" nos faz hoje estremecer, mas não foi sempre assim. Supondo-se que o mal particular estivesse a serviço de um bem pretensamente universal, longe de que isso constituísse uma atenuante, para nós o horror da situação só se teria agravado. Nos anos 1970, o sociólogo americano Peter Berger dedicou uma obra às ideologias representadas na história moderna que justificaram a servidão generalizada e a destruição maciça em nome de um futuro radiante. Deu-lhe por título: *Pyramids of*

Sacrifice [Pirâmides de Sacrifício]. Assim, segundo ele, essas obras-primas desviadas da racionalidade instrumental – não olhar os meios para atingir os fins – eram equivalentes às atrocidades cometidas em Tenochtitlán e outros lugares em nome de alguma divindade sedenta de sangue. Kant já achava inconcebível que a marcha da humanidade pudesse se assemelhar à construção de uma morada que somente a última geração teria o privilégio de habitar. O triunfo do *homo faber* nos afazeres humanos, tão magistralmente analisado por Hannah Arendt, se tornou inadmissível para nós.

A exclusão social e a miséria, ambas produzidas pela riqueza econômica, são da alçada da lógica do fim e dos meios? Ou, para usar os termos de Peter Berger, os excluídos seriam vítimas sacrificiais? Tal como ele, eu emprego a palavra "sacrifício" como metáfora da sua acepção religiosa, e voltando à definição que Marcel Mauss lhe dava: no sacrifício, a comunicação com uma entidade superior se estabelece por intermédio de uma vítima. Explicar a exclusão em termos de *roubo*, como chegou a fazê-lo o marxismo vulgar, evidentemente não satisfaz à definição. Alguns têm menos *para que* os outros tenham mais, mas como arremedo de uma entidade superior só se tem aqui o interesse egoísta destes últimos. A conclusão é a mesma quando se afirma que os excluídos têm nada mais, nada menos do que aquilo que merecem, a exemplo de um liberalismo não menos vulgar.

O grande pensamento liberal de inspiração econômica, aquele que vai de Adam Smith a Friedrich von Hayek, não hesitou em interpretar os males cometidos pelo mercado como sacrifícios que cumpre saber aceitar em nome de um interesse superior. No mercado, segundo Hayek, por exemplo, se sofre muito: as pessoas não encontram trabalho ou perdem o seu emprego, as empresas vão à falência, os fornecedores são abandonados pelos seus clientes de longa data, os especuladores apostam alto e perdem tudo, os produtos novos não pegam, os pesquisadores, apesar de longos e penosos esforços, não chegam a nada, etc. Essas sanções caem como golpes do destino, injustificadas, imprevisíveis, incompreensíveis. A sabedoria, contudo, é "se entregar às forças obscuras do processo social". Este, com efeito, é movido por uma espontaneidade benfazeja e dotado de um saber inacessível a qualquer sujeito individual. Tentar opor-se à sua dinâmica em nome da justiça social ou da reparação dos destroços deixados por onde passou é largar a sombra providencial em troca de uma presa inalcançável, visto que é ilusória. Caso você faça a um hayekiano a objeção de que o capitalismo fabricou a miséria generalizando uma forma de pobreza inconcebível nas sociedades tradicionais já que ela conjuga a pobreza material ao abandono dos indivíduos à própria sorte – paradoxo inusitado, talvez o próprio Marx não terá conseguido desembaraçar –, lhe será respondido que se o capitalismo, de fato, multiplicou os pobres, é que ele possibilitou que um número muito maior deles pudesse viver, quer dizer, sobreviver. Tudo se passa, escreve Hayek, como se a evolução procedesse a um verdadeiro "cálculo vital": ela sabe *sacrificar* determinadas vidas aqui e agora se isso a conduzir a aumentar o fluxo vital no seu todo. Por outro lado, observe um indivíduo ao acaso e se pergunte em que sociedade as chances de ele levar uma vida plena e feliz estão maximizadas. Para Hayek não há margem de dúvida que será na sociedade que soube dar à sua liberdade natural a "ordem espontânea" do mercado.

A filosofia moral de Hayek, não mais que a de Adam Smith, não é propriamente utilitarista ou consequencialista. O fato de que uma ação seja aprovada, para eles não tem nada a ver com a sua contribuição com a "utilidade geral", com a reprodução da sociedade, etc. Entretanto, se os homens não são utilitaristas nessas obras-primas do pensamento econômico, Deus, a Natureza, a Evolução, etc., todos são em seu lugar. A Razão não os ilumina diretamente, ela age usando de astúcia. Foi do pensamento econômico que Hegel tirou o esquema da astúcia da Razão. Como eu explicava antes, essa figura do individualismo moderno tem por matriz a monadologia leibniziana, inseparável da teodiceia: existe mal no mundo, mas sem esse mal o bem não poderia ser maximizado, o mundo não seria o melhor dos mundos possíveis.

Há então, torno a dizer, muita coerência nessas representações que a modernidade dá de si própria, e o pensamento econômico as inspira de ponta a ponta. A pergunta interessante é: essa coerência preenche o conjunto das nossas exigências normativas? A resposta é obviamente negativa. Poucos responsáveis se prontificariam hoje a invocar uma entidade superior que justificasse o caminho tortuoso dos mais fracos ou que nos fizessem ver, nos excluídos da sociedade industrial, vítimas sacrificiais, isto é, um mal necessário. Quando o mal estava a serviço do bem, ele se justificava por isso mesmo. Quando o mal fica desprovido de sentido, ele se torna intolerável. O enfraquecimento dos esquemas de justificação sacrificiais remete a partir de então ao âmbito do absurdo, muitos dos males que acompanham o crescimento da atividade econômica.

Assim se explica, a meu ver, o fato de que o sentimento de insegurança adquira um caráter mais profundo e mais difuso, apesar de que, pelo que nos é dito, jamais tenha havido tanta segurança. A explicação que proponho é moral. Acrescentarei a ela, contudo, um dado estrutural. É bem possível que as nossas sociedades, vistas sob o prisma das estatísticas, sejam mais seguras do que as precedentes. Mas é essencialmente porque elas sabem adiar cada vez mais ameaças crescentemente apavorantes.
Um peso de horror tendendo ao infinito está atado a um futuro ele próprio empurrado para um horizonte indefinido. O nosso presente acha estar protegido pela sombra projetada por essa massa futura, mas é isso mesmo que o torna sombrio. Durante a guerra fria, a dissuasão empunhava a ameaça do apocalipse nuclear para evitar que ela fosse posta em execução. A paz nuclear, essa ave frágil, se encolhia nesse ninho paradoxal. Outras ameaças, não menos temíveis, apareceram desde então no horizonte. A segurança presente, por sinal muito relativa, resulta de que essa execução foi até agora constantemente retardada. O "princípio de precaução", como veremos, pretende se limitar aos "riscos potencialmente graves, mas não apocalípticos". De pronto, ele assume que o problema está resolvido, como se diz em matemática, já que postula que esses riscos podem ser pensados independentemente do destino apocalíptico de que são os sinais anunciadores. Ele separa o que não pode ser dissociado. Sua intenção é tranquilizar, mas segurando os gastos.

capítulo 3
a fatalidade, o risco e a responsabilidade

> O indivíduo não é senão espuma na crista de
> uma onda, a grandeza, mero acaso, o domínio
> da genialidade, brinquedo de bonecos... O que é
> que, em nós, mente, mata e rouba?
> Georg Büchner,
> carta à noiva, Giessen, março de 1834

O mal que mergulha, tal ave de rapina, para cima dos homens provém desde sempre da natureza e do próprio homem perseguindo o seu semelhante. A peste, a fome e a guerra eram as causas de morte violenta a que o desenvolvimento das forças produtivas e o progresso da sabedoria humana acabariam um dia pondo um fim, pelo menos era o esperado. A impotência dos homens em dominar as origens do mal despertava neles a ideia de que o destino, a fatalidade, a vontade de um deus eram os autores dos dramas que os afligiam. Os males que atingem as sociedades industriais suscitam em muita gente a sensação de que a fatalidade trágica está de volta. O termo "risco" empregado para o aquecimento climático ou para as catástrofes industriais ou sanitárias lhes parece impróprio: havendo risco, para eles fica no ar a pergunta quem afinal o *assumiu*. Como esses espíritos livres parecem querer voltar, recobrando uma interpretação religiosa ou mística do mundo, veem-se acusados de obsoleto. Aliás, acrescenta-se, não seria porque ninguém mais acredita na fatalidade e porque se procura por toda parte responsabilidades humanas, que os "novos riscos" são tachados de inadmissíveis?

Neste livro eu gostaria de interceder a favor de uma interpretação "fatalista" dos males que nos tomam de assalto. Esse fatalismo não é do tipo que vem em resposta a um apelo por parte de um desenvolvimento insatisfatório das forças produtivas, uma falta de potência; é aquele que resulta de um excesso de força, mais especificamente da impotência em controlar a força. "Não é, como no passado, a natureza, mas justamente nosso poder sobre ela, que de agora em diante nos angustia", escreve Hans Jonas, "tanto em relação à natureza quanto em relação a nós mesmos."[1] O mal é essa fatalidade, mas é também o remédio. Na qualidade de remédio, o nome que lhe convém é de preferência o que os Antigos chamavam de *moira*, isto é, o destino que determina os limites para o exercício e o cumprimento da vontade humana. Antes de mais nada convém voltar ao tema, que já esboçamos, das origens do mal, e avaliar a perturbação que nele introduz a nossa situação presente.

A natureza e a perseguição não esgotam a economia tradicional do mal. Sempre se teve em mente uma terceira origem, e ao procurar descobrir as fontes e o papel do sagrado é para ela que é preciso voltar-se. Eis como Illich a apresentava, em conclusão à sua *Némésis Médicale*:

---

[1] Hans Jonas, *Pour une Éthique du Futur*, op. cit., p. 105.

O homem é um animal capaz de suportar pacientemente as provações e de tirar delas as devidas lições. É o único ser a conhecer os seus próprios limites e a aceitá-los. Se ele pode assumir a sua salvaguarda, é por reagir conscientemente à dor, à alteração da sua saúde e, por fim, à morte. Revoltar-se e perseverar, aguentar e resignar-se, tudo isso é parte integrante da saúde do homem.

Mas tendo já de se resguardar em duas frentes, contra a natureza e contra o seu próximo, depara-se com uma terceira frente de onde a sua própria humanidade o ameaça. O homem deve sobreviver ao seu sonho pernicioso, aquele a que, em todas as culturas anteriores à nossa, os mitos deram forma e limites. O homem só pôde se realizar em uma sociedade cujos mitos circunscreviam os pesadelos. O mito sempre desempenhou a função de tranquilizar o homem quanto a essa terceira frente, contanto que ele não transpassasse os limites sagrados. O perigo de sucumbir a essa vertigem existia apenas para aqueles poucos que tentavam enganar os deuses. Os mortais comuns morriam de alguma enfermidade ou pela violência. Somente aquele que transgredisse a condição humana se tornava a presa de

Nêmesis por ter sido motivo de inquietação para os deuses.[2]

"Hoje, observava Illich, as consequências dos empreendimentos 'pacíficos' nos setores físico, social e psicológico são tão destrutivas quanto as guerras."[3] É dessa terceira frente que provém a maior parte das ameaças que pesam sobre o futuro do mundo:

> Com a industrialização do desejo, a Húbris se tornou coletiva e a sociedade é a realização material do pesadelo. A Húbris industrial rompeu o quadro mítico que colocava limites para a loucura dos sonhos. (...) O inelutável impacto de recuo do progresso industrial, é Nêmesis para as massas, o monstro material que nasceu do sonho industrial. Anônima, inapreensível na linguagem do computador, Nêmesis anexou a si a escolarização universal, a agricultura, os transportes públicos, o salariado industrial e a medicalização da saúde. Ela paira sobre os canais de televisão, as estradas, os supermercados e os hospitais. Arrancaram-se os parapeitos de proteção constituídos pelos mitos tradicionais.[4]

---

[2] Ivan Illich, *Némésis Médicale. L'Expropriation de la Santé*. Paris, Éd. du Seuil, 1975, p. 202-03.
[3] Ibidem, p. 202.
[4] Ibidem, p. 203-04.

Segundo Illich é evidentemente pela contraprodutividade dos grandes sistemas que se manifesta a vingança da Nêmesis industrial. Mencionarei aqui o caso da saúde e o da mobilidade. Eles tocam de perto a esses "novos riscos" que suscitam em nós tantos receios e angústias sob o nome de aquecimento climático, catástrofes ambientais, doença da vaca louca, riscos da alimentação industrial, escândalos da transfusão sanguínea, etc. Esses pretensos riscos são basicamente a manifestação do monopólio radical exercido pelo modo de produção heterônoma sobre a nossa relação com o corpo, com o sofrimento, com a morte, e também com o espaço e o tempo. Ou, para ser mais exato, eles constituem apenas sua parte visível. Que a alimentação faça adoecer, que a medicina mate, nos hospitais, de doenças que ela própria chama de "iatrogênicas"; que os transportes não fiquem atrás quanto a matar, que destruam o ar e a natureza, esgotem os recursos não renováveis do planeta, esquartejem as cidades, reduzam a mobilidade de amplos grupos da população, devorem os tempos de vida, criem novas dependências: todas essas disfunções são evidentes, todos os dias nós as enxergamos, as ouvimos, as respiramos, somos suas vítimas. Mas não fica menos evidente para a maioria que só se acabará com elas por meio de uma quantidade cada vez maior daquilo que as causa. Essa parte visível do iceberg da contraprodutividade constitui a sua dimensão técnica. Há, porém a parte invisível, o mal escondido, no qual é necessário distinguir a contraprodutividade social e a contraprodutividade estrutural ou simbólica.

Comecemos pela saúde. O grande biólogo René Dubos propôs que se definisse a boa saúde como a capacidade pessoal autônoma de controlar as suas condições de vida, de se adaptar às modificações acidentais do seu meio e eventualmente de recusar meios ambientes intoleráveis.[5] Não conheço ilustração melhor da contraprodutividade social da medicina do que as linhas seguintes, extraídas de uma brochura já antiga da indústria farmacêutica, mas que explicam sem dúvida o motivo pelo qual a França sempre bate o recorde mundial do consumo de psicotrópicos:

> Nossa época é ansiógena de uma outra maneira [do que a dos "bons velhos tempos"]: ela exige que cada qual tome seu lugar em uma competição sem trégua, em que ninguém tem a garantia de poder conservar a vantagem conquistada. O "stress" no final é tão intenso quanto no passado, mas decorre do fato de que o corpo social é e será cada vez mais impositivo para cada um dos indivíduos que o compõe. Cada vez mais, o indivíduo terá de ser lúcido, atento, equilibrado do ponto de vista mental, possuir reflexos rápidos e precisos. Raros são os homens que a natureza dotou dessas qualidades. Os demais poderão recorrer com frequência aos tranquilizantes a fim de se manter no nível psicofisiológico necessário ao preenchimento de suas ambições.

E mais adiante, para que não se diga que a medicina não se preocupa com o custo econômico da saúde:

---

[5] René Dubos, *L'Homme et l'Adaptation au Milieu*. Paris, Payot, 1973.

A complexidade crescente da vida econômica, a corrosão monetária, os problemas do emprego, a concentração demográfica urbana e muitos outros fatores da vida moderna perturbam o equilíbrio psicossomático do indivíduo e provocam com frequência estados patológicos cujo tratamento vem onerar o orçamento nacional por via da Previdência Social. Os tranquilizantes e os sedativos hipnóticos constituem medicações preventivas e reguladoras que evitam muitas vezes essas complicações e, desse ponto de vista, contribuem, a custos menores, para manter em atividade sujeitos que teriam se retirado temporária ou definitivamente dos circuitos econômicos.[6]

Sabe-se que os consultórios médicos estão cheios de grevistas. Não quero necessariamente dizer, com isso, grevistas do trabalho. Existem muitas outras greves que o direito não reconhece. Fazer greve do seu papel de marido, de amante, de pai, de filho, de mestre ou de aluno, de responsável, etc., eis o que fica autorizado pelo fato social da doença. É socialmente aceito que qualquer problema de mal-estar, seja ele da origem ou da natureza que for – problemas de relacionamento no trabalho ou entre o casal, atraso escolar das crianças, etc. –, se traduza por um pedido de ajuda à instituição médica. Na maioria das vezes, esse pedido fica

---

[6] Prospective et Santé Publique, *Recherche, Médicament, Prospective*, vol. III. "Évolution Scientifique" (1ª parte), Paris, março de 1971.

mais ou menos mascarado por termos somáticos, com a
cumplicidade ativa do médico. Não que o paciente seja um
fingidor ou o médico seja um impostor. Ambos simplesmente jogam um jogo cujas regras provêm do contexto
social e cultural da sua relação. A doença é um comportamento desviante tolerado, mas com a condição de aparecer
sob a forma de uma desordem orgânica cuja etiologia não
é imputável ao doente, nem, aliás, à sociedade. A doença
adquire uma existência autônoma, à parte. É uma entidade
exterior ao indivíduo e à sua relação com o meio, que, por
acaso, vem perturbar seu funcionamento vital. Essa representação do mal fundamenta o acordo entre o médico e seu
doente, viabilizando a relação entre eles.

A inflação médica tem, pois, um efeito, senão uma função: um número de pessoas cada vez maior está convencido de que, se elas vão mal, é porque há dentro delas
alguma coisa funcionando mal, e não que elas estão
reagindo *saudavelmente* com uma recusa a se adaptar
a determinado meio ambiente ou a condições de vida
difíceis, às vezes até inadmissíveis. Médicos prescrevem,
ou prescreveram, medicamentos pretensamente capazes
de tratar o "mal dos grandes aglomerados" ou a "angústia
oriunda das condições de trabalho". Esse diagnóstico do
"estar-mal" é a um só tempo a manifestação e a causa
de uma perda de autonomia: as pessoas não têm mais
necessidade nem vontade de resolver os seus problemas
na rede das suas relações. Sua capacidade de recusa fica
debilitada, sua demissão da luta social, facilitada. A medicina se torna o álibi de uma sociedade patogênica.

A saúde, como qualquer valor de uso, depende da maneira pela qual o modo heterônomo de produção fecunda

e vivifica as capacidades de produção autônoma dos indivíduos e dos grupos. O modo heterônomo é, aqui, a medicina institucionalizada, definida como o conjunto dos cuidados e tratamentos codificados proporcionados às pessoas por um corpo de profissionais especializados. O modo autônomo é o que tradicionalmente é chamado de higiene. É significativo que a palavra tenha perdido o seu valor e o seu sentido de arte de viver – e de morrer. A paralisia da higiene começa quando os produtores perdem o domínio do seu tempo de trabalho e das suas condições de vida. Nenhuma prótese médico-farmacêutica poderá então compensar essa alienação, mas a invasão médica, ao "biologizar" e ao naturalizar as disfunções resultantes, evita que o intolerável seja combatido no plano em que deve ser: no espaço político.

Tal é a contraprodutividade social da medicina. Só que a crítica de Illich não parou por aí e foi o que os "progressistas" não lhe perdoaram. Caiu em abandono quando se pôs a sustentar que "o tratamento precoce das doenças incuráveis tem por único efeito o agravamento da condição de pacientes que, na falta total de diagnóstico e de tratamento, continuariam passando bem durante dois terços do tempo de vida que lhes restasse".

Como disse André Gorz, "tornou-se chocante afirmar que morrer é natural, que há e que sempre haverá doenças mortais, que estas não são uma desregulação acidental e evitável, mas a forma contingente que a necessidade da morte toma".[7] Hans Jonas por sua vez escreve:

---

[7] André Gorz e Michel Bosquet, *Écologie et Politique*. Paris, Éd. du Seuil, 1978.

> A morte não aparece mais como uma necessidade que faz parte da natureza do vivente, mas como um defeito orgânico evitável. (...) Essas questões tangem a nada menos que ao sentido completo da nossa finitude, à atitude diante da morte, e à significação biológica geral do equilíbrio da morte e da procriação.[8]

Chegamos aqui à vaga linha fronteiriça que separa o natural do político. Essa mesma fronteira diferencia a dimensão estrutural ou simbólica da contraprodutividade da medicina e a sua dimensão social. Ambas as dimensões parecem puxar para direções opostas, e é por isso que é fundamental refletir a respeito da articulação entre as duas. Hoje, parece que a única resposta que as nossas sociedades são capazes de dar em contraposição aos "novos riscos" é a instauração de "políticas de precaução". Os peritos batalham para saber se a precaução significa ação ou abstenção. Terei a oportunidade de ilustrar o caráter vão desses debates. Tomar consciência da contraprodutividade social orienta rumo à ação, no sentido político do termo, e não em primeiro lugar para a técnica, que não passa de um álibi. Em contraste, a tomada de consciência da dimensão simbólica da contraprodutividade equivale plenamente à redescoberta do sentido dos limites: seria isso ação ou não ação? A pergunta é supérflua e mal vale a pena colocá-la.

A saúde estrutural ou simbólica do homem é a sua capacidade de enfrentar, consciente e autonomamente, dessa

---

[8] Hans Jonas, *Le Principe Responsabilité*, op. cit., p. 52.

vez não mais os perigos do ambiente, mas uma série de ameaças profundamente íntimas, que todo homem conhece e sempre conhecerá, e que têm por nome dor, doença e morte. Essa capacidade, o homem das sociedades tradicionais sempre a tirou da sua cultura, que lhe possibilitava dar um sentido à sua condição mortal. O sagrado assumia ali um papel fundamental. O mundo moderno nasceu sobre os escombros dos sistemas simbólicos tradicionais, nos quais ele não conseguiu ver senão aspectos irracionais e arbitrários. No seu empreendimento de desmistificação, ele não entendeu que esses sistemas implicavam que fossem postos limites à condição humana, ao mesmo tempo que lhes dessem um sentido. Ao substituir o sagrado pela razão, a ciência, ele perdeu todo sentido dos limites e, por isso mesmo, foi o sentido que ele sacrificou. A expansão médica se dá com a do mito, segundo o qual a supressão da dor, da deficiência e do recuo indefinido da morte são objetivos desejáveis e realizáveis graças ao desenvolvimento indefinido do sistema médico. Não se pode dar um sentido àquilo mesmo que se procura extirpar. Uma vez ultrapassados certos limiares, a medicina e seus mitos destroem inexoravelmente a saúde estrutural.

O marxismo via no desenvolvimento insuficiente das forças produtivas uma primeira fonte de alienação. Incapaz de se defrontar com os desafios de seu meio físico, sujeitado à miséria e à doença, o homem busca um refúgio nas superstições do mundo religioso. Uma segunda fonte de alienação é a exploração do homem pelo homem. O explorado confunde aqui também os sofrimentos que o opressor lhe inflige com a vontade de um deus e, entorpecido pelo ópio da religião, ele abre mão de se revoltar. Para o marxismo, a liberação do homem passava pela luta contra essas duas frentes – contra a natureza e contra a opressão. A pergunta que a análise da contraprodutividade estrutural leva a colocar é a seguinte: a partir de que patamares essa luta pela liberação chega ao ponto de se confundir com a recusa pueril e absurda do inevitável? Em que condições a mistificação que consiste em fazer passar por natural um mal cuja fonte é política se transforma na mistificação contrária, a finitude naturalmente sem escapatória da condição humana sendo encarada como alienação e não como fonte de sentido?

Não direi nada da contraprodutividade social dos transportes porque já tratei dela ao apresentar o cálculo da velocidade generalizada do automóvel. Mostrei que os transportes mascaram os seus efeitos nocivos, as distorções que eles impingem à organização do espaço e do tempo ao substituir por tempo de trabalho o tempo de deslocamento efetivo. Tornando assim invisível o mal que provocam, apresentando-se como remédio ao passo que são veneno, eles podem ser chamados, a exemplo da medicina, de álibis de uma sociedade que devasta os seus espaços e os seus tempos de vida. É sobre a dimensão estrutural que eu gostaria agora de chamar a atenção.

Os transportes difundem um discurso que leva a crer que produziriam o acesso ao mundo e aos outros. Digamos que eles possam, quando muito, produzir as condições que favorecem a capacidade autônoma de acesso ao mundo e aos outros. Eles podem também destruí-la. Chegamos ao que interessa.

A autonomia implica aqui uma relação com o espaço baseada em locomoções em baixa velocidade, recorrendo essencialmente à energia metabólica daquele que se move. Se não se está submetido a nenhuma imposição, só se caminha por lugares de que se gosta. A velocidade motorizada apresenta interesse apenas quando se trata de se afastar de lugares indesejáveis ou de vencer distâncias vistas como obstáculos. A submissão do homem industrial aos veículos revela que ele não se sente em casa em lugar algum, ou quase. Se dentro de um homem vive um poeta, a infelicidade de estar em um lugar inabitável jamais poderá ser compensada pelo crescimento das possibilidades de se afastar o quanto possa desse lugar. "Os usuários", escrevia Illich, "romperão as correntes do transporte superpotente quando se puserem de novo a amar o seu perímetro de circulação como a um território, e a recear afastar-se dele com demasiada frequência".[9] A alternativa radical aos atuais transportes não são transportes menos poluentes, menos produtores de gases de efeito estufa, menos barulhentos e mais rápidos; é uma redução drástica da sua ascendência sobre nossa vida cotidiana. Para tanto é imprescindível romper o círculo vicioso pelo qual uma indústria contribui para reforçar as condições que a tornam necessária; pelo qual os transportes criam distâncias e obstáculos para a comunicação que eles e somente eles podem transpor.

O espaço vivido tradicional é um espaço conexo: dois pontos quaisquer sempre podem ser interligados por um caminho contínuo que não saia do território. A sociedade industrial é a primeira a ter quebrado essa conexão. Os espaços pessoais ficam estilhaçados em

[9] Ivan Illich, *Énergie et Équité*, op. cit.

pedaços separados, distantes entre si: o domicílio, o local de trabalho, alguns espaços públicos da cidade, os comércios e o mítico "qualquer outro lugar" dos lazeres e das escapadas. Entre essas extensões, os desertos de sentido, os desertos estéticos, simbólicos, que se visa deixar para trás o mais eficientemente possível, entregando-se ao sistema de transporte. Pensem por exemplo no espaço da estrada, do qual nos protegemos com essa bolha metálica que se transforma vez por outra em caixão; ou, com mais propriedade ainda, no espaço onde evolui o seu jato.

Ora, os transportes são o ritual de um mito que conta o retorno à vizinhança tradicional, possível graças a eles. Para obter a "aldeia global", basta *anular* esses espaços vazios de sentido, esses espaços mortos que, quando muito, prestam para ser definitivamente vencidos. O discurso publicitário, essa súplica do nosso tempo, expressa tão bem, que melhor é impossível, o prazer que o deus Transporte pode proporcionar. Vejam esse edital que uma companhia aérea helvética veiculava tempos atrás em algumas publicações semanais da Europa. O desenho representava uma cidade antiga, rica em cultura e variada, com seus monumentos, suas praças, seus cursos d'água e suas largas artérias. Olhando mais de perto, contudo, os leitores compreenderiam tratar-se de um monstro: vinham na mesma vizinhança, justapostos, os mais belos bairros das mais belas cidades europeias. A Praça Vermelha só estava separada da Praça da Concórdia pelo leito de um rio, e a Via Veneto desembocava em Picadilly Circus. Legenda: graças à nossa companhia, a Europa fica reduzida às dimensões de uma cidade.

Os mitos das sociedades tradicionais devem sua estabilidade à capacidade que possuem de dissimular a distância existente entre a realidade e o que eles dizem dela – distância que, quando percebida, os antropólogos chamam de "dissonância cognitiva". Para compreender a espantosa alienação do homem industrial em relação aos transportes e sua aceitação do absurdo e do intolerável, é preciso apreender a forma pela qual o mito do retorno à vizinhança de origem consegue mascarar o óbvio, que é o fato de que os espaços-tempos mortos tendem a ocupar uma grande parte do espaço-tempo disponível: segundo os nossos cálculos, um terço da vida desperta e, às vezes, até a metade do espaço urbano. Não tenho a intenção de fazer aqui essa análise, me darei por satisfeito em assinalar que os diversos modos de locomoção possuem aptidões muito variadas para reduzir a dissonância cognitiva. Em uma extremidade, encontram-se a caminhada e a bicicleta, modos de deslocamento abertos à riqueza simbólica do espaço circundante e que só proporcionam atrativos se essa riqueza existir. Na outra extremidade, o automóvel particular parece o mais bem adaptado, muito à frente dos transportes coletivos, ao seu papel de álibi de uma sociedade destruidora do seu espaço e do seu tempo. Campeã da mentira e da cegueira, ela consegue passar de si mesma uma imagem que é exatamente o contrário da realidade: a imagem é feita de mobilidade, de autonomia, de independência; a realidade, de abarrotamento e de dependência radical diante das servidões do caminho e dos comportamentos dos outros. É significativo que os automobilistas descrevam suas máquinas como uma pequena bolha que os isola do espaço externo hostil, como uma extensão da sua moradia, e até como uma espécie de cordão umbilical que os mantém ligados, potencial e simbolicamente, aos lugares onde eles gostariam de estar, e que nunca são aqueles em que estão.

O círculo contraprodutivo volta a se fechar, assim sendo, como fica dito a seguir. Para viver no espaço-tempo da sociedade industrial, é necessário ter acesso a essa prótese que é o transporte. A existência dessa prótese extingue os freios que poderiam se opor ao livre jogo das forças que modelam o espaço e o tempo. Não preciso descrever essas "forças", pois, quer se trate da lógica dos valores fundiários, da especulação imobiliária, dos determinantes do porte e da localização das atividades econômicas e sociais, etc., análises existem em abundância, mesmo que as interpretações sejam divergentes. Em geral o que se conhece menos é o efeito de *doping* dos instrumentos da velocidade sobre os procedimentos de desintegração e de totalização do espaço.

Esta última observação nos lembra que:

> nunca se deve levantar o problema do transporte isoladamente, [que] se deve sempre associá-lo ao problema da cidade, da divisão social do trabalho e da compartimentação que esta introduziu entre as diversas dimensões da existência. (...) A ordenação do espaço continua a desintegração do homem que começou pela divisão do trabalho na fábrica. Ela corta o indivíduo em rodelas, corta o seu tempo, a sua vida em fatias bem separadas a fim de que em cada uma se

seja um consumidor passivo entregue sem defesa nas mãos dos comerciantes. A fim de que jamais nos passe pela cabeça que trabalho, cultura, comunicação, prazer, satisfação das necessidades e vida pessoal podem e devem ser uma mesma e única coisa: a unidade de uma vida, sustentada pelo tecido social da municipalidade.[10]

É tendo como pano de fundo a análise da contraprodutividade social e estrutural que convém procurar saber o que está nos ameaçando. Para muitos observadores, do lado dos políticos tanto quanto do lado dos filósofos, parece que embarcamos em um trem descarrilado que corre o risco de se chocar a todo momento contra sabe-se lá que obstáculo, estraçalhando-se de uma vez por todas. Corinne Lepage descreve a "vertigem existencial", "a percepção de participar de uma fuga não suscetível de ser controlada e, *a fortiori*, parada. (...) Uma máquina tecnológica louca, guiada tão só pela sede de ir sempre mais longe e de ser cada vez mais rentável, se pôs em andamento".[11]

Hans Jonas não deixa por menos quando reconhece que "é inegável que estamos nos tornando progressivamente os prisioneiros dos processos que nós mesmos desencadeamos (...) sem determinar um objetivo, *quase* à maneira de um destino".[12]

---

[10] André Gorz e Michel Bosquet, *Écologie et Politique*, op. cit.
[11] Corinne Lepage e François Guery, *La Politique de Précaution*, op. cit., p. 177-78.
[12] Hans Jonas, *Le Principe Responsabilité*, op. cit., p. 417-19 (grifo meu).

Falemos à maneira de Pascal. Os não hábeis veem aqui uma fatalidade, um destino que sabe aonde vai e nos esmaga enquanto vai passando. Os que se acreditam hábeis censuram neles o fato de permanecerem prisioneiros de uma visão arcaica e mística do mundo. Eles, do seu lado, procuram pelas responsabilidades, quer dizer, pelos responsáveis, ou melhor: pelos culpados. Não tendo, pois, tomado ciência da nova economia do mal, é por perseguições penais que eles esperam ajustar e segurar a sua dinâmica. Restam os semi-hábeis, os administradores do risco e demais economistas do seguro, que pensam estar em terreno conhecido porque aprenderam a identificar as feições do acaso e de suas probabilidades por trás das aparências do destino.

Nenhuma dessas interpretações me parece satisfatória. As ameaças que se amontoam como nuvens negras no horizonte cada vez mais próximo de um porvir inquietante não são nem fatalidades nem riscos. Tratadas como riscos, as distinções clássicas se embaralham. Riscos endógenos ou exógenos? Endógenos, sem sombra de dúvida, já que são de fato as ações dos homens que constituem a sua fonte, porém simultaneamente exógenos, pois a ameaça se apresenta como proveniente de outras partes. O cânone do risco exógeno era, até recentemente, o risco meteorológico. Sabemos doravante que este último é endógeno. Vou propor uma quarta interpretação, paradoxal, que em certo sentido retoma a dos não hábeis. Trata-se de agir *como se* tivéssemos de lidar com uma fatalidade, a fim de desviar melhor o seu curso. A infelicidade é o nosso destino, mas um destino que só é assim porque os homens não reconhecem nele as consequências dos seus atos. É, sobretudo, um destino que nós podemos *escolher* afastar de nós.

capítulo 4
a autonomia da técnica

O universo teme o tempo, mas o tempo teme as pirâmides.
Provérbio egípcio

Um dos criadores da cibernética, Heinz von Foerster, amigo de Illich, tinha uma visão totalmente diversa da contraprodutividade. Ele o expressou por uma conjectura que desde então o biólogo Henri Atlan, o matemático israelense Moshe Koppel e eu pudemos transformar em teorema. Tentarei explicar o seu sentido:[1] trata-se de descrever a relação de causalidade circular entre uma totalidade (por exemplo, uma coletividade humana) e seus elementos (os indivíduos que a compõem). Os indivíduos estão ligados uns aos outros, por um lado, e à totalidade, por outro lado. As ligações entre os indivíduos podem ser mais ou menos "rígidas"; quanto mais o forem, menos, por definição, o conhecimento do comportamento de um

---

[1] O quadro matemático é o da teoria das redes de autômatos e o da teoria da informação. Ver "Von Foerster's Conjecture. Trivial Machines and Alienation in Systems", *International Journal of General Systems*, vol. 13, 1987, p. 257-64; e "Individual Alienation and Systems Intelligence". In: Jean-Louis Roos (org.), *Economics and Artificial Intelligence*. Oxford, Nova York, Pergamon Press, 1987, p. 37-40.

deles traz informações ao observador que já conhece o comportamento dos demais. A conjectura de Von Foerster diz então o seguinte: quanto mais as ligações interindividuais forem rígidas, mais o comportamento da totalidade aparecerá aos elementos individuais que a compõem dotado de uma dinâmica própria que escapa ao seu controle. Pensando melhor, está aí uma tese completamente paradoxal, que só pode ser válida porque se toma aqui o ponto de vista, interior ao sistema, dos elementos sobre a totalidade. Para um observador exterior ao sistema, é de fato óbvio que a rigidez das relações entre elementos é, pelo contrário, propícia a um domínio conceitual, sob a forma de modelização, por exemplo. Quando os indivíduos estão rigidamente agrupados em um par (em função de comportamentos miméticos, por exemplo), a conjectura de von Foerster assenta então um calço entre os pontos de vista interior e exterior. O futuro do sistema é previsível, mas os indivíduos se sentem impotentes em direcionar ou redirecionar o seu curso, ainda que o comportamento em seu todo continue efetivamente sendo apenas a composição das reações individuais à previsão desse mesmo comportamento. O todo parece se autonomizar com relação às suas condições de emergência e a sua evolução se firmar como destino.

As expressões que empreguei para descrever o que é o ponto de vista interior sobre a totalidade – "aparecerá", "se sentem", "parece" – poderiam dar a crer que esse ponto de vista corresponde à percepção de uma subjetividade, a qual bastaria abrir os olhos ou ter acesso à informação para que ele coincidisse com o único ponto de vista objetivo, o da totalidade do sistema sobre si mesmo. Mas a força do teorema de Von Foerster é, pelo contrário, de fazer com que percebamos que o ponto de vista interior é exatamente tão objetivo quanto o ponto de vista exterior. Tanto um como o outro são pontos de vista localizados e, nesse sentido, tão intransponíveis quanto à situação à qual eles correspondem.

Inúmeros são os críticos da sociedade moderna que defenderam a ideia de que o desenvolvimento científico e técnico da humanidade constituía um processo autônomo, escapando ao domínio dos homens. Como Hans Jonas:

> A experiência provou que os desenvolvimentos desencadeados cada vez pelo agir tecnológico a fim de realizar objetivos a curto prazo têm tendência a se tornar autônomos, isto é, a adquirir sua própria dinâmica impositiva, uma inércia autônoma, em virtude da qual eles não são somente irreversíveis (...), mas que eles empurram também para a frente, e transbordam o querer e o planejamento daqueles que agem.[2]

Foi evidentemente Heidegger quem mais longe foi nesse particular, ao arrancar o pensamento da técnica do seu hábitat usual, o da instrumentalidade. Não, a técnica não é um meio a serviço de um fim; ela é destino (*Geschick*) e é ela, e não o homem, que é dotada de autonomia.[3] Na

---

[2] Hans Jonas, *Le Principe Responsabilité*, op. cit., p. 75.
[3] Martin Heidegger, "La Question de la Technique". Trad. francesa. In: *Essais et Conférences*. Paris, Gallimard, 1958.

França, partindo de bases totalmente diferentes, Jacques Ellul defendeu teses similares. Comentando a sua obra, Dominique Bourg escreve:

> A técnica arruína qualquer possibilidade de escolha. (...) Se convém unicamente buscar em uma determinada situação o meio mais eficaz de alcançar determinado fim, não existe, por definição, senão uma só solução, identificável por procedimentos impessoais. O agente real da decisão é então a própria técnica, no sentido em que a decisão decorre da lógica que preside ao entrosamento em si dos meios.

E ainda: "O sistema técnico não dispõe, por natureza, por assim dizer, de intencionalidade alguma. Ele não almeja meta específica alguma, nem sequer a do seu próprio crescimento. Há aí apenas uma espécie de efeito mecânico".[4] Quem conclui é Ellul: "Não há autonomia possível do homem diante da autonomia da técnica".[5]

Fazer da evolução técnica um agente verdadeiramente autônomo é cair, como alguns desses autores, na cilada do essencialismo, que é precisamente o que o teorema de

---

[4] Dominique Bourg, *L'Homme Artifice. Le Sens de la Technique*. Paris, Gallimard, 1996, p. 85-90. Bourg comenta aqui as obras de Jacques Ellul: *La Technique ou l'Enjeu du Siècle*, Paris, Armand Colin, 1954, e *Le Système Technician*, Paris, Calmann-Lévy, 1977.
[5] Jacques Ellul, *La Technique ou l'Enjeu du Siècle*, op. cit., p. 126; citado por Dominique Bourg, *L'Homme Artifice*, op. cit., p. 86.

von Foerster evita ao construir a objetividade do ponto de vista interior. A autonomia da técnica, se é que essa autonomia existe, é autonomia *para* esse ponto de vista. Mas dizer isso não é incompatível com a busca dos *mecanismos* que dão conta dessa automatização; ou, melhor ainda, para falar como o economista e filósofo austríaco Friedrich von Hayek, dessa *autoexteriorização* do fenômeno técnico em relação às suas condições de emergência.[6]

É exatamente nos economistas que podemos encontrar os elementos de tal análise, com a condição de nos desapegarmos da ideologia otimista e otimizadora em que estão imersos com demasiada frequência os seus trabalhos. É por tradição que os economistas ficam maravilhados com esse prodígio de autorregulação social que o mercado constitui. Este encontra automaticamente o caminho do seu equilíbrio, e esse equilíbrio é um estado social eficiente. O que dá ao mercado as suas capacidades de auto-organização? São os mecanismos de retroação (*feedback*) *negativa* que entram automaticamente em jogo tão logo algum agente se distancie do comportamento de equilíbrio. A sanção em que ele incorre então (baixa dos seus rendimentos, falência, etc.) o obriga a deixar o mercado, a respeitar as suas regras. Os economistas liberais contam justamente com a necessidade de manter totalmente livres esses mecanismos para poder voltar contra os partidários da justiça social a acusação de conservadorismo que eles costumam receber. O Estado, que, em nome desse ideal, tem o propósito de se opor às sanções do

---

[6] Friedrich August von Hayek, *Individualism and Economic Order*. Chicago, University of Chicago Press, 1976.

mercado abocanhando parte dos sucessos e compensando os fracassos, congela as fortunas e estabiliza as diferenças de rendimentos, ao mesmo tempo que escangalha a máquina econômica.

Ora, nessas últimas décadas, a economia teórica acabou se interessando pelo papel das retroações *positivas* na autorregulação mercantil. Foi levada a fazê-lo porque descobriu a importância da imitação nos fenômenos de concorrência e isso, em particular, no que diz respeito às escolhas entre técnicas rivais. Ora, é perfeitamente sabido que a imitação é exímia produtora de retroações positivas, que são as principais fontes de instabilidade dinâmica. Em sua imensa maioria, os teóricos do mercado ignoraram a imitação. As razões para tanto são muito profundas. O que está em jogo, aqui, é ao mesmo tempo a concepção do indivíduo moderno e a da ordem social. O indivíduo autossuficiente e independente, que é postulado na teoria econômica, não poderia estar submetido à influência dos seus semelhantes. Os fenômenos coletivos cujo quadro é constituído pelo mercado não poderiam ter o que quer que seja em comum com os fenômenos de massa e o contágio dos sentimentos e dos atos de que eles são o palco. E apesar de tudo, alguns dos melhores economistas de todos os tempos atribuíram à imitação um papel central: Adam Smith, John Maynard Keynes e Friedrich von Hayek.[7] Vou me ater aqui a este último porque ele apreendeu melhor que os demais as condições e as propriedades da autoexteriorização dos fenômenos coletivos. A questão que se coloca é a de saber como

---

[7] Ver Jean-Pierre Dupuy, *Le Sacrifice et l'Envie*, op. cit.

Hayek pode conciliar a sua fé inabalável nas capacidades autorreguladoras do mercado e a sua percepção aguda da importância da imitação. Para falar a verdade, o problema, para ele, é muito mais vasto: ele não aparece apenas no que diz respeito ao mercado, mas também no que se refere à teoria da evolução cultural, a qual inclui a evolução técnica, que associa igualmente a concorrência, a imitação e a eficiência.

Para entender plenamente a natureza do problema que a imitação e, de forma mais geral, a existência de ciclos de retroação positiva levantam para toda teoria da autorregulação social, tomemos o modelo elementar a seguir. Dois sujeitos A e B se imitam reciprocamente. O objeto da sua imitação mútua é, por hipótese, indeterminado. Mas suponhamos que um rumor, um boato, leve A a crer que B deseja (busca, quer comprar, confia em, tem esperança de, etc.) o objeto O. A sabe agora o que desejar (respectivamente: buscar, etc.): ele toma a dianteira, designando por essa atitude em si o objeto O e B, e quando B manifesta por sua vez o seu interesse por O, A obtém a prova de que a sua hipótese inicial estava correta. A sua representação, por mais inverossímil que fosse *a priori*, se viu *autorrealizada*. Essa emergência de uma objetividade, de uma exterioridade pelo fechamento sobre si de um sistema de atores em que todos se imitam, adquire um vigor recrudescente à medida que vai aumentando o número destes. Os rumores mais absurdos podem polarizar uma multidão unânime em um objeto dos mais inesperados, cada qual encontrando a prova do seu valor no olhar ou na ação de todos os demais. O processo se desenvolve em dois tempos: o primeiro é um jogo de espelhos, especular e especulativo, no qual cada um aguarda, nos outros, os sinais de um saber cobiçado e que cedo ou tarde acaba empurrando todo mundo na mesma direção; o segundo é a estabilização do objeto que emergiu, por esquecimento do arbitrário, inerente às condições da sua gênese. A unanimidade que promoveu o seu nascimento o projeta, por um tempo, para fora do sistema dos atores, os quais, olhando todos para o sentido que ele aponta, param de cruzar os seus olhares e de se espreitar mutuamente.

Essa descrição fenomenológica do mundo da imitação pode ser especificada e confirmada pela modelização matemática. Um ramo muito ativo da economia formal explora hoje o papel do que ela chama de influências interpessoais na atividade econômica. Ela nos fornece meios para avaliar tudo que separa esse universo mimético do mercado ideal. Contrariamente ao que se poderia ter pensado *a priori* e ao que foi efetivamente pensado por numerosos autores, a imitação generalizada produz alguma coisa, e não simplesmente nada. Ela suscita dinâmicas autorreforçadoras que convergem tão resolutamente rumo ao seu alvo que fica difícil acreditar que essa convergência não é a manifestação de uma necessidade subjacente, à maneira de um sistema mecânico ou termodinâmico, voltando invariavelmente ao seu estado de equilíbrio depois de ter sido afastado dele sob o efeito de alguma perturbação. Vê-se, entretanto, que o conceito de equilíbrio, que a teoria do mercado importou da mecânica racional, não convém absolutamente para caracterizar os "atratores" das dinâmicas miméticas. Longe de expressar uma ordem implícita, estes se originam na amplificação de uma desordem inicial e sua aparência de harmonia preestabelecida em um efeito de polarização unânime. São condensados de ordem e de desordem. A dinâmica mimética parece guiada por um fim que preexiste a ela – e é assim que, do interior, ela é vivenciada –, mas é ela que, na realidade, faz surgir o seu próprio fim. Perfeitamente arbitrário e indeterminado *a priori*, este adquire o valor de evidência à medida que a opinião coletiva vai apertando o cerco. Não há outro meio de determinar o resultado da dinâmica mimética que não o de deixá-la se desenrolar até o final. É um procedimento aleatório que assume uma aparência de necessidade.

O que é esperado do mercado ideal dos economistas, quando ele encontra o seu equilíbrio, é que seja o reflexo de uma realidade exterior. Os preços expressam valores objetivos, "fundamentais", que sintetizam informações tão diversas quanto a disponibilidade das técnicas, a raridade dos recursos ou as preferências dos consumidores. Quanto à dinâmica mimética, ela é totalmente fechada sobre si mesma. Os atratores que ela gera não se enquadram em nenhuma relação de adequação a uma realidade exterior, eles simplesmente traduzem uma condição de coerência interna: a correspondência entre crenças *a priori* e resultados *a posteriori*. Os atratores miméticos são representações autorrealizadoras.

A imitação generalizada tem assim o poder de criar mundos perfeitamente desconectados do real: ao mesmo tempo ordenados, estáveis e totalmente ilusórios. É essa capacidade "mitopoiética" que a torna tão fascinante. Se houver em algum lugar verdades escondidas a serem descobertas, não dá para contar com as dinâmicas miméticas para fazê-las aparecer. Se quiser ter alguma eficiência no mundo, também é melhor não confiar nelas para tanto. Eficiência e capacidade de revelar informações ocultas:

eis aí duas propriedades que os economistas atribuem de bom grado ao mercado ideal. A distância entre este e o processo mimético parece insuperável.

O quadro clínico da lógica imitativa já está presente em sua maior parte no estádio de um modelo muito simples, no qual as conexões miméticas entre agentes estão dadas e permanecem fixas no decorrer de todo o processo: a probabilidade que determinado agente imite outro determinado agente é uma constante, eventualmente nula.[8] Fenomenologicamente, sabemos muito bem que essa hipótese é demasiado restritiva e que a dinâmica mimética tem a capacidade de modificar a estrutura das suas próprias conexões: um sujeito tem tanto mais chances de ser imitado por outro quanto já o seja por muitos. O poder de atração de uma opinião cresce com a quantidade de indivíduos que dela partilham. Concebe-se que, se tal for o caso, os efeitos da polarização mimética ficam ainda mais acentuados. Poderia parecer, contudo, que adotar tais hipóteses é atribuir uma importância excessiva à irracionalidade dos fenômenos coletivos. As pesquisas dos últimos anos mostraram que elas podem corresponder, pelo contrário, a comportamentos individualmente racionais. Existem casos em que a vantagem pessoal que um indivíduo tira unindo-se à massa cresce *objetivamente* de acordo com a importância desta. Essa hipótese é precisamente hoje moeda corrente na literatura econômica focada sobre

---

[8] Ver o modelo apresentado por André Orléan em "Monnaie et Spéculation Mimétique". In: Paul Dumouchel (org.), *Violence et Vérité*. Paris, Grasset, 1985. Sob determinadas condições, fica demonstrado que a dinâmica imitativa converge rumo à unanimidade do grupo. Essas condições significam que há uma interdependência entre todos os agentes.

a escolha das técnicas. Quando uma técnica se propaga, fica-se sabendo sempre mais a seu respeito e ela se desenvolve e se aprimora; à medida que os usuários vão ficando mais numerosos, a gama de produtos se enriquece e se diversifica; os custos de produção baixam, assim como os riscos de falhas. A concorrência entre técnicas rivais apresenta nessas condições traços que a distinguem marcadamente da "concorrência perfeita" dos economistas. O primeiro é a multiplicidade dos "equilíbrios" (o termo continua sendo empregado pelos historiadores da técnica, mas, como vimos, é totalmente impróprio: seria melhor falar em "atratores"). A "seleção" de um dentre eles não é determinável por dedução a partir da estrutura formal do problema, a responsabilidade quanto a ela cabe à história real dos acontecimentos, com as suas contingências, as suas flutuações, os seus imprevistos, sobretudo aqueles que afetam os primeiros passos do sistema. Um conceito desempenha aqui um papel crucial, o de "dependência de caminho" (*path dependence*). Estamos no antípoda dos princípios termodinâmicos, a que os teóricos do mercado ainda costumam se reportar com muito gosto quando se trata de louvar a capacidade daquele em neutralizar as perturbações que o afetam. A evolução de uma dinâmica é altamente imprevisível. Não há evidentemente motivo algum para que a seleção que ela opera seja a mais eficiente. Se a sorte favorecer uma certa técnica no ponto de partida, esta se beneficiará com "vantagem seletiva" que ela vai manter e ampliar à medida que os usuários afluírem. Ela pode acabar dominando o mercado mesmo que outra técnica tivesse se mostrado mais vantajosa para todos, se ao menos o acaso a tivesse selecionado desde o princípio. A evolução técnica tem assim uma forte propensão a "se fechar" (*lock in*) em trilhas indesejáveis, de onde fica cada vez mais difícil demovê-la. Acaso, seleção, "ordem por flutuações", processo auto-organizado: todos esses termos empregados hoje pelos historiadores das técnicas definem uma teoria da evolução que tem relações muito longínquas tão-somente com o neodarwinismo.

É possível então compreender de que modo a evolução técnica pode assinalar uma direção, um sentido, como se encarnasse uma intenção, um propósito ou um destino, e, contudo, resultar da composição de mecanismos puramente cegos. Não há obviamente garantia alguma de que ela nos leve para a direção "certa", se é que isso tem algum sentido; não há direção que não nos leve ao desastre. É à luz da análise precedente que se deve meditar a respeito do aviso de Hans Jonas:

> O que foi começado nos tira a iniciativa de agir e os fatos consumados que o começo criou se acumulam para se tornar a lei da sua continuação. (...) Isso reforça a obrigação de vigiar os princípios, priorizando as possibilidades de desgraça fundadas de maneira suficientemente séria (e distintas dos simples fantasmas do medo) em relação às esperanças – mesmo que estas não sejam menos bem fundadas.[9]

Volto então à minha pergunta: como um Friedrich von Hayek pode evitar conclusões tão pouco animadoras,

---

[9] Hans Jonas, *Le Principe Responsabilité*, op. cit., p. 75-76.

ele que baseia a sua filosofia social em uma filosofia do espírito que confere à imitação um papel de destaque? De forma muito simples. Vamos levar em consideração um universo em que todo mundo imita todo mundo, com exceção de um indivíduo, o qual não imita ninguém. É fácil mostrar que esse indivíduo vai se tornar o elemento-chave do sistema, pois todos vão acabar o imitando, única e exclusivamente. Pensemos em outra hipótese: esse indivíduo não imita ninguém porque sabe que está com a razão. Dispõe-se então de um processo evolutivo baseado na imitação que age como um descobridor e propagador de informação eficientíssimo. Descobrimos aqui uma propriedade perturbadora da imitação, seja qual for sua ambivalência. Eficiente se de algum modo a informação certa estiver presente e for reconhecida como tal; caso contrário, ela se transforma em fonte de ilusões e de desperdícios. O problema é que é impossível *do interior* do sistema saber em qual dos dois casos se está. Para suspender essa indecidibilidade é preciso recorrer a uma exterioridade. Quando o caminho evolutivo atinge a "verdade" ou a "eficiência", deve soar um sinal que significa: não continuar a procura, quer dizer: parar de imitar. A autoexteriorização produzida pela imitação generalizada tem então uma virtude otimizadora apenas se estiver enquadrada por uma verdadeira exterioridade. Sem exterioridade verdadeira, a autoexteriorização pode ficar vagando miseravelmente. Quando se estiver tratando da evolução cultural e técnica da humanidade, a questão, obviamente, é saber que estatuto atribuir a essa exterioridade ou transcendência, e quem pode falar em seu nome. Não há jeito de escapar aos profetas da felicidade – menos numerosos, talvez, que os profetas da infelicidade –, e o primeiro profeta tem evidentemente por nome, aqui, Hayek.

Nem otimista nem essencialista, a análise que apresentei da autonomia técnica nos ajuda, se a associarmos ao teorema de von Foerster, a desmistificar a categoria do destino, isto é, a retirar o "véu místico" em que, segundo Marx, está envolta a percepção do homem alienado. *Puros mecanismos podem produzir efeitos de destino.* Essa lição, os tecnólogos na verdade a fizeram sua há muito, fascinados como são pela ambição de realizar artefatos autônomos. Já em 1948, o inventor da teoria dos autômatos e um dos criadores do computador, John von Neumann, predizia que chegaria um dia, a seu ver em um futuro próximo, em que o construtor de autômato estaria tão desarmado diante da sua criação quanto nós o estamos diante dos fenômenos naturais complexos.[10] A embriaguez quase teológica de fabricar um autômato, isto é, um ser que não deve senão a si mesmo a lei do seu movimento; esse cúmulo da vontade de potência que consiste em ter a si como a causa de um ser que seja a causa de si, incondicionada; o desejo de se perder no espelho apresentado por uma criatura feita à sua imagem, aí estão os motivos potentes que arrastam para direções que fazem estremecer de horror e de terror sagrado até mesmo os seus promovedores de maior destaque.[11]

---

[10] Ver Jean-Pierre Dupuy, *Aux Origines des Sciences Cognitives*. Paris, La Découverte, 1994, reed. 1999.
[11] Ver o alerta, muito notado e comentado, de um dos mais brilhantes cientistas da computação americanos, Bill Joy, publicado na revista muito "por dentro" *Wired*, sob o título eloquente de "Why the Future Doesn't Need Us" ["Por que o Futuro Não Precisa de Nós"] (abril de 2000). O subtítulo especifica: "Our most powerful 21st-century technologies – robotics, genetic engineering, and nanotech – are threatening to make humans an endangered species" ["Nossas mais poderosas tecnologias do século XXI – robótica, engenharia genética e nanotecnologia – ameaçam tornar os humanos uma espécie em perigo"].

A inteligência artificial, a robótica, a vida artificial, os algoritmos genéticos, a bioinformática, as nanotecnologias tornarão cada vez mais indefinidas as fronteiras que, por separar o mundo vivo daquele das máquinas, o mundo do espírito daquele dos mecanismos, servem, ainda hoje, para darmos sentido à condição humana. Tudo acontece como se a técnica, ao se automatizar sempre mais, cumprisse um projeto que consiste em fazer o destino inumano desincumbir finalmente a humanidade do fardo da liberdade e da autonomia.

capítulo 5
o catastrofismo em processo

[O Medo] não é bonito de se ver – não! – ora ralhado, ora amaldiçoado, renunciado por todos. (...) E contudo, não se enganem: ele está à cabeceira de cada agonia, ele intercede pelo homem.
Georges Bernanos, *A Alegria*

Quando os "trinta gloriosos" anos – esse período de crescimento econômico mundial que parecia destinado a durar até o final dos tempos – chegaram ao seu término, cessou também na hora a crítica radical da sociedade industrial e do seu modo de desenvolvimento. A atenção pouco séria que se havia prestado às colocações de Illich e de alguns outros apareceu retrospectivamente como não tendo ido além, no fundo, do tipo de complacência que o burguês opulento e satisfeito manifesta para com a dançarina ou o bufão em que ele não hesita em investir para o seu divertimento. Devo, entretanto, lembrar ao jovem leitor de hoje que o sucesso da crítica illichiana foi notável em certos meios. A prova disso é o fato de que palavras como "convivialidade" ou "contraprodutividade" entraram para a linguagem corrente, no sentido que lhes foi dado pelo autor de *Énergie et Équité*. Illich influenciou até mesmo profissionais ou tecnocratas que teriam podido ou devido se sentir visados.

Claro, eram os educadores que reconheciam toda a força da crítica illichiana da medicina, e os médicos todo o valor dos ditos de Illich a respeito dos transportes! Mas o desemprego se instalara para ficar e o crescimento parecia ser o único remédio. O seu conteúdo nunca mais voltou à pauta. A macroeconomia havia tomado as rédeas do poder. As perguntas mais fundamentais não foram nunca mais colocadas. O crescimento e sua justa repartição se tornaram as únicas preocupações. Mas se é lindo querer repartir de maneira equitativa um bolo tão grande quanto possível, conviria talvez se perguntar primeiro se ele não está envenenado.

Obviamente os males e as ameaças ligados ao modo de desenvolvimento industrial nem por isso tinham desaparecido. Veio o "princípio de precaução". Tudo se passa doravante como se todos os grandes medos da época se resumissem nessas três palavras que se recita como um ritual propiciatório. Este livro não é uma reflexão sobre o princípio de precaução. Não procuro defini-lo, menos ainda comentá-lo, e ainda menos propor o seu fundamento filosófico. Não tenciono substituí-lo por algum outro princípio mais satisfatório. Será visto claramente, o "catastrofismo ilustrado" não aspira de maneira alguma ao título de princípio. É uma atitude filosófica, uma inversão de ordem metafísica em nossas formas de pensar o mundo e o tempo que se baseia na temporalidade das catástrofes. Ocorre, entretanto, que as pesquisas desenvolvidas por todos aqueles que tentam dar forma a esse princípio, e são muitos, tanto entre os economistas quanto entre os juristas, os sociólogos ou os politicólogos, me ajudaram sobremaneira. Elas me ajudaram, para falar francamente, menos pelo que trouxeram do que pelo que rejeitaram. A expressão "catastrofismo", como é de suspeitar, não tem na origem uma carga de sentido positivo. É a maneira pejorativa pela qual os teóricos da precaução designam a postura "absolutista" que eles renegam. A expressão "destruição mútua assegurada" – ou seja, em inglês, *mutually assured destruction*, o que dá a sigla MAD, palavra que em inglês significa "louco" – foi primeiramente empregada por aqueles que viam pura loucura na doutrina da dissuasão nuclear. Eles talvez não estivessem errados, mas o fato digno de nota é que os campeões dessa doutrina da dissuasão nuclear se apressaram em adotar o rótulo em benefício próprio, conferindo-lhe dali em diante um estatuto de respeitabilidade. A minha proposta é fazer o mesmo com o "catastrofismo".

O alvo "catastrofista" que os teóricos da precaução tomam para si é na verdade um alvo fácil, pois a posição que fica assim visada é irrealista, contraditória, em suma, insustentável. Porém é uma caricatura, mesmo que, aqui ou acolá, até nas mais altas esferas estatais, ela seja defendida ou invocada sob o nome de "princípio de precaução". A demonstração seria mais convincente se ela determinasse que *toda* postura catastrofista recebesse necessariamente os golpes de críticas similares. O meu trabalho tem o objetivo de mostrar que, pelo contrário, se pode construir um catastrofismo coerente e conforme a razão mais exigente.

A crítica dos teóricos da precaução incide sobre uma atitude em relação ao risco ou à ameaça incerta que comporta três dimensões. Essa atitude determinaria para si o objetivo do "risco zero"; ela teria os olhos fitos no "pior cenário"; ela imporia uma "inversão do ônus da prova":

cabe ao inovador provar a inocuidade do seu produto, e não aos que poderiam vir a ser as suas vítimas a sua nocividade. Ora, o "risco zero" é um ideal impossível e paralisante; já que estamos, hipoteticamente, em um universo de "controvérsia" científica, não existe um pior cenário determinado de maneira unívoca: esse conceito é, pois, evanescente; já que estamos, hipoteticamente, em um universo incerto, a inocuidade fica impossível de ser provada. A crítica conclui que essa concepção absolutista, confundida com toda concepção catastrofista, só pode chegar a um princípio de abstenção, logo, de não ação.[1]

É admissível que o "risco zero" é um ideal inatingível que entrava a ação. Mas também isso aí é uma falsa desavença. "Por trás do *leitmotiv* permanente "o risco zero não existe", o que é uma evidência, escreve Corinne Lepage, se esconde uma verdadeira recusa de aplicar com seriedade o princípio de precaução, que é o único capaz de raciocinar e de humanizar o progresso".[2] Estou plenamente de acordo – salvo quanto à referência ao princípio de precaução. Na posição que defendo, não somente o "risco" – direi a catástrofe – permanece sendo uma possibilidade, mas só a inevitabilidade da sua realização futura pode levar à prudência. O "pior cenário" é efetivamente uma noção vaga. Para tal ação que se empreenda ou tal política que se decida, até onde pode ir o pessimismo

---

[1] Ver, por exemplo, Olivier Godard, "L'Ambivalence de la Précaution et la Transformation des Rapports entre Science et Décision". In: Olivier Godard (org.), *Le Principe de Précaution dans la Conduite des Affaires Humaines*. Paris, Éditions de la Maison des Sciences de l'Homme e INRA, 1997. Ver também Catherine Larrère, verbete "Précaution" do *Dictionnaire d'Éthique et de Philosophie Morale* de Monique Canto-Sperber, Paris, PUF, 3. ed., 2001.
[2] Corinne Lepage e François Guery, *La Politique de Précaution*, op. cit., p. 140.

ficando-se dentro do razoável? Uma central nuclear está instalada a algumas dezenas de quilômetros a montante de Paris: será que se aventou a possibilidade de um Chernobil às margens do Sena? Decide-se o cultivo em grande escala de plantas geneticamente modificadas: seria o caso de se pensar detidamente em uma cena em que se veria os genes se disseminar pelo meio ambiente, espécies resistentes se desenvolver e proliferar e o biótopo sucumbir por intoxicação fatal? Nos laboratórios de inteligência artificial do planeta e nos centros de pesquisa em nanotecnologias, concebem-se robôs inteligentes e dotados de consciência: já se pensou que eles poderiam um dia nos reduzir à escravidão e até aniquilar a nossa espécie? Mas já que estamos, hipoteticamente, na incerteza, por que deveríamos acreditar que o pior é certo?

Receio que a crítica, aqui, cometa uma confusão lógica. A questão é sutil e peço ao meu leitor uma atenção toda especial, pois ele não poderá entender a solução que proponho a não ser que esse ponto fique muito bem ilustrado. A crítica considera que é ponto pacífico que o catastrofismo visa ao "risco zero", à ausência completa de danos. Já fiz valer a justiça desmascarando essa visão errônea. A crítica infere daí que o catastrofismo se detém no pior cenário para se assegurar de que – esse "pior", correspondendo a um dano nulo – a realidade, que não pode por construção ser mais desastrosa, não comportará dano algum. Pode-se conceder à crítica que esse modo de proceder leve a preconizar a "abstenção" generalizada. Muito embora alguém que passasse a vida fechado no quarto, como aconselhava Pascal, hoje estaria arriscado a perdê-la em uma explosão de gás ou a ser esmagado pela queda de um supersônico sobre o prédio onde mora. Entretanto, a crítica parece não enxergar que se pode ficar preso ao pior cenário, não como podendo ou devendo acontecer *no futuro*, mas como poderia ou deveria acontecer *se* uma dada ação fosse empreendida. No primeiro caso, o pior cenário é da ordem de uma *previsão*; no segundo, é uma hipótese *condicional* em uma deliberação que deve resultar em escolher, entre todas as opções abertas, aquela ou aquelas que tornam esse pior aceitável; ou, em uma outra variante, a opção que torna esse pior o menos danoso possível – na teoria da decisão sob incerteza, esse último procedimento se denomina *minimax*, pois trata-se de tornar *mínimo* o dano *máximo*. Voltarei a isso. Ora, "minimizar o pior" – que me perdoem a insensibilidade –, não é torná-lo nulo. Esse ponto de lógica evoca infalivelmente no espírito do filósofo a teodiceia leibniziana já mencionada. Por que há mal no mundo? Porque o nosso mundo é o melhor dos mundos possíveis. Essa resposta, que suscitou o escárnio dos indivíduos ditos espirituosos, é perfeitamente coerente. O mundo que minimiza o mal não o reduz a zero. Confundir mal mínimo e "zero mal" é cometer um erro sobre as categorias.

Entretanto, o meu procedimento será bem diferente. "É o *nonsense* da destruição que implica recorrer ao pior cenário, escreve Corinne Lepage. É precisamente a pertinência, ou até a mera existência da possibilidade desse pior cenário, que pode e deve guiar a reflexão e a ação."[3] Partilho dessa opinião. Isso porque a catástrofe constitui um destino detestável do qual temos de dizer que não queremos, e devemos manter os olhos fitos nela,

---

[3] Ibidem, p. 136.

sem jamais perdê-la de vista. Receio que esse ponto faça pouco sentido para os administradores do risco. O que eles próprios, do seu lado, veem é que para *cada um* dos riscos de que tratam é pouco verossímil que o futuro nos prepare uma tragédia maior. A mudança climática, a poluição dos oceanos, os perigos da energia nuclear ou da engenharia genética, o desencadeamento de novas epidemias ou endemias: a humanidade acabará conseguindo conviver com isso ou encontrar as respostas técnicas adequadas. A catástrofe tem isso de terrível que não só não se *crê* que ela vá ocorrer, muito embora se tenha todos os motivos quantos bastem para *saber* que ela vai ocorrer, mas uma vez que ocorra, ela parece pertencer à ordem normal das coisas. Sua realidade em si a torna banal. Ela não era tida como possível antes de se realizar; ei-la integrada sem maiores cerimônias no "mobiliário ontológico" do mundo, para falar no jargão dos filósofos. Como Bergson descobrindo que a Alemanha tinha declarado guerra à França, pode-se dizer: "quem teria acreditado que uma eventualidade tão formidável houvesse podido efetivar sua entrada no real com tão pouco empecilho? Essa impressão de simplicidade dominava tudo". Menos de um mês após o desabamento do World Trade Center, os responsáveis americanos tiveram de reavivar a memória dos seus compatriotas sobre a extrema gravidade do evento para que o desejo de justiça e de desforra não enfraquecesse.[4] O século XX aí está para nos mostrar

---

[4] Lido no jornal *Libération* de 2 de novembro de 2001: "Donald Rumsfeld, secretário de Defesa, em 1º de novembro: "Alguns parecem acreditar que nossa ação militar não tem a prontidão necessária, eu lhes lembrarei que as cinzas do World Trade Center ainda estão queimando". Imediatamente a CNN mostra as imagens dos detritos do "Ground Zero", o epicentro da

que as piores abominações podem ser digeridas pela consciência comum sem grande dificuldade. A serenidade sensata e contábil dos administradores do risco participa dessa espantosa capacidade da humanidade de se resignar ao intolerável. Ela é o sintoma mais manifesto desse irrealismo que consiste em tratar "riscos" destacando-os do contexto geral no qual eles estão inseridos.

É essa metafísica espontânea do tempo das catástrofes o principal obstáculo para a definição de uma prudência adaptada aos tempos atuais. É o que vou me esforçar em mostrar, contando simultaneamente com essa mesma metafísica para propor uma solução. Uma vez mais, o veneno servirá de remédio. Retomando a questão do "pior cenário", meu procedimento consistirá em raciocinar como se o fato de encarar a catástrofe como algo possível equivalesse a pensar que ela se produzirá, e se produzirá necessariamente. Cumpre tomar essa equivalência não como uma licença generosamente concedida ao catastrofismo, o menor dos medos virando uma certeza como em um passe de mágica, mas ao contrário, como uma exigência quanto ao que convém considerar possível.[5] Só há possibilidade

---

tragédia. E o apresentador Aaron Brown se punha a comentar, conforme as instruções da direção: "O que acaba de dizer o secretário de Defesa é muito importante. Às vezes se tem a impressão de que os atentados contra o World Trade Center e o Pentágono já estão longe atrás de nós. Mas estão muito perto. É preciso não o esquecer...".

[5] Que a metafísica de Jonas esteja efetivamente de acordo com esse ponto da maior importância, e, assim, escape à acusação de catastrofismo em pânico ou ingênuo, fica patente nesta citação que já fizemos: "[priorizar] as possibilidades de desgraça fundadas de maneira suficientemente séria (e distintas dos simples fantasmas do medo)" (*Le Principe Responsabilité*, op. cit., p. 75-76).

na atualidade[6] presente e futura, e essa atualidade é ela própria uma necessidade. Mais precisamente, antes que a catástrofe aconteça, ela pode não acontecer; é acontecendo que ela começa a ter sido sempre necessária, logo, que a não catástrofe, que era possível, começa a sempre ter sido impossível. Reencontro o paradoxo da metafísica bergsoniana, mas à custa de um intercâmbio bem interessante sobre as modalidades. Não mais que na de Bergson, não se pode, na metafísica que proponho, "trabalhar recuando no tempo", mas o que se assenta por si no passado à medida que a realidade se cria não é, como no autor de *A Evolução Criadora*, um possível, e sim um impossível. Antes que a guerra estourasse, ela parecia a Bergson "*ao mesmo tempo provável e impossível*: ideia complexa e contraditória, que persistiu até a data fatal". A metafísica que proponho como fundamento para uma prudência adaptada ao tempo das catástrofes não é menos complexa, mas creio ser-me possível mostrar que ela não é contraditória. Ela consiste em *se projetar* na pós-catástrofe e em ver retrospectivamente nesta um acontecimento *ao mesmo tempo necessário e improvável*.

Essas ideias são difíceis e fica-se tentado a duvidar da utilidade de ter de se submeter a esse tipo de construção. Defendo a tese de que o maior obstáculo de todos para que se dê um sobresssalto ante as ameaças que pesam sobre o futuro da humanidade é de ordem conceitual. Obtivemos os meios de destruir ao planeta e a nós próprios, porém não mudamos nossas formas de pensar.

---

[6] Em todo este livro, empregarei a palavra "atualidade" (e o adjetivo correspondente "atual") não em seu sentido corrente, mas no sentido filosófico do que é ato por oposição ao que é apenas em potência.

Muitos são hoje os que procuram saídas concebendo processos de deliberação e de decisão, democráticos ou não. Duvido que estes sejam capazes por si só de resolver os problemas em que a filosofia (a metafísica), desde que ela existe, só se deu mal. Percebe-se claramente que as perguntas que surgem são as do futuro, do tempo, da temporalidade. A catástrofe está talvez situada no futuro, mas seria ele real? Os profetas da infelicidade anunciam a catástrofe, mas será que a previsão (a profecia) é ao menos possível, e qual é a sua objetividade, ficando entendido que não há efeito causal do futuro sobre o passado? Se há profecia, logo, fala a respeito do futuro, isso proíbe o livre-arbítrio, entendido como capacidade de agir de outra maneira do que se faz? O que se pode dizer sobre os possíveis que não terão sido atualizados? Pode-se cruzar a modalidade do provável e a do possível, definindo probabilidades sobre proposições condicionais do tipo: "Se se tivesse feito isto – ao passo que se fez aquilo –, a catástrofe X teria sido evitada?". Eis aí problemas que estão entre os mais antigos da filosofia, e ocorre que é indispensável dar-lhes uma resposta para estar à altura dos desafios do nosso tempo. Os que julgam que a filosofia é uma atividade gratuita não se enganam menos do que aqueles que acreditam poder abrir mão dela. Quando um ator da "precaução" declara que, "em situação de riscos, uma hipótese não infirmada deveria ser tida provisoriamente como válida mesmo que ela não tenha sido formalmente demonstrada",[7] a sua formulação

---

[7] Proposição do controlador do governo no Conselho de Estado a respeito do caso do sangue contaminado, em abril de 1993. Essa fórmula serviu desde então como base a numerosas recomendações em outros casos, como o da vaca louca.

vem arrastando toneladas de pressupostos filosóficos que se gostaria de ver explicitados. Se eu tomo esse exemplo, é obviamente porque, com sua formulação imprecisa, ele não está tão longe da inversão metafísica que eu sugeria. O filósofo alemão Hans Jonas, escrevendo sobre os riscos "inaceitáveis", é muito mais rigoroso no aprofundamento da mesma ideia:

> Estamos lidando aqui com uma inversão do princípio cartesiano da dúvida. Para estabelecer o verdadeiro indubitável, nós devemos, segundo Descartes, considerar tudo que, de um modo ou de outro, pode ser posto em dúvida como sendo equivalente ao falso demonstrado. Aqui, pelo contrário, nós devemos tratar o que decerto pode ser posto em dúvida, e ao mesmo tempo é possível, a partir do momento em que se trata de um possível de um certo tipo, como uma certeza em vista da decisão. É também uma variante da aposta pascaliana (...).[8]

Todos esses desenvolvimentos eram necessários para demonstrar que o "pior cenário" seria um guia detestável para a ação. Seja agora a terceira crítica dirigida ao catastrofismo. Impondo uma inversação do ônus da prova, ele exigiria de toda inovação que ela demonstre a sua inocuidade. Ora, a tal demonstração é impossível

---

[8] Hans Jonas, *Le Principe Responsabilité*, op. cit., p. 84-85.

pelo fato da dissimetria, evidenciada pela epistemologia de Karl Popper, entre confirmação e falsificação. A ausência de inocuidade pode ser provada, basta para tanto exibir um só caso de caráter negativo. A inocuidade, em contrapartida, não pode ser provada já que seria necessário pôr à prova um número infinito de experiências a verdade de uma proposição com quantificador do tipo: qualquer que seja o caso ou o contexto x, o produto considerado não é nocivo.

É fácil refutar essa terceira crítica. Ela tem por base uma petição de princípio; qual seja a inversão do ônus da prova, supõe que se traga a demonstração de uma ausência *completa* de risco. Mas isso é inexato. A referência a Popper serve aqui de cortina de fumaça. Ela impede a contemplação de uma ideia luminosa e simples, comum aos raciocínios probabilistas que são de praxe na maioria das ciências aplicadas.

Em um âmbito de pensamento estatístico, não é verdadeiro que a ausência de prova de p, onde p é, por exemplo, a proposição "o produto X é nocivo", baste para demonstrar não p (aqui, "o produto X não é nocivo"). De maneira condensada, pode-se escrever:

Não Prova [p] ⇏ Prova [Não p]

onde o símbolo ⇏ significa: "não implica". O fato de que não se prove p não implica que se prove não p.

Imaginemos que se alimentem dúvidas sobre uma moeda por meio da qual se quer tirar cara ou coroa; ela parece viciada a favor da face cara. De fato, ao ser lançada três vezes seguidas, sempre cai do lado cara. Se esse resultado fosse obra do acaso, a moeda estando na realidade equilibrada, a probabilidade *a priori* desse resultado seria de (1/2) ao cubo, ou seja, 1/8, ou ainda 12,50%. Por convenção, admite-se em estatística que uma probabilidade superior a 5% *não basta* para rejeitar a hipótese de que o resultado seja em decorrência do acaso. Por que se exige 5% sem se contentar com 45%, por exemplo, ou com 33%? Esse limiar é, sem dúvida, em parte arbitrário, mas traduz bem a noção de "ônus da prova". Se a questão é provar que a moeda está viciada, é preciso fazer um esforço suplementar de pesquisa e experimentação de forma a atingir o grau de convicção *beyond a reasonable doubt*, como se diz em inglês, isto é, tal que toda e qualquer dúvida razoável fique descartada. No caso presente, está longe de atingir a cifra almejada e terá de admitir que não está provado que a moeda está viciada. Um sofisma flagrante consistiria em concluir que está provado que ela não está viciada. Uma proposição pode se encontrar na situação em que nem ela nem a sua negação estão provadas.[9] Ora, existem muitos casos em que se acredita ou se afirma que tal produto é isento de nocividade, no entanto, a única coisa que se pode dizer é que não se conseguiu provar a sua nocividade.

Que a ideia em si de inverter o ônus da prova tenha chegado – e com que brio! – ao primeiro plano demonstra, *pelo contrário*, que a ausência de prova de que uma

---

[9] Lembremos que é porque ele tinha uma concepção "construtivista" da verdade, ou melhor, da "provabilidade", que Brouwer inventou a lógica intuicionista, que nega o princípio do terceiro excluído e para a qual a negação de uma negação não equivale a uma afirmação.

inovação técnica ou comercial era nociva bastava, tempos atrás, para garantir que ela não era nociva. Daqui por diante planeja-se exigir que a prova de inocuidade seja fornecida. Será que se deveria ficar escandalizado com isso? A quem cabe o ônus da prova? A resposta a essa pergunta depende da lógica da situação e dos valores da sociedade considerada. Em um processo criminal, considera-se que entre o erro judiciário que resulta na condenação de um inocente e o que leva à soltura do culpado, é de muito longe o primeiro que se deve evitar. É então normal exigir que a acusação forneça, dissipando toda e qualquer dúvida razoável, a prova de que o acusado é efetivamente culpado. O fato de que este não tenha conseguido estabelecer a sua inocência não poderia constituir um equivalente daquela prova.[10]

Da mesma forma, o que há de mais conforme ao bom-senso, no caso de danos potencialmente graves ou irreversíveis, considerar que mais vale errar para o lado da imputação de nocividade do que no sentido oposto? Cabe, pois, ao inovador provar que o seu produto não é nocivo, a ausência de provas de que ele não seja é o bastante em absoluto para estabelecê-lo como nocivo. Um estudo inglês centrado em artigos científicos sobre engenharia genética mostra, entretanto que eles cometem sistematicamente o sofisma da moeda registrado antes,

---

[10] Menno T. Kamminga defende de maneira convincente a tese de que o princípio de precaução estava presente no direito internacional relativo às violações dos direitos do homem bem antes que o direito do meio ambiente tenha se apossado dele. Ver o seu "The Precautionary Approach in International Human Rights Law: How It can Benefit the Environment". In: David Freestone e Ellen Hey (orgs.), *The Precautionary Principle and International Law*. Haia, Kluwer Law International, 1996.

muito embora aleguem estar aplicando o princípio de precaução.[11] Essa inversão do ônus da prova seria exorbitante? Não, pois ela não implica de maneira alguma que fique estabelecida a inocuidade perfeita. Ir "além da dúvida razoável", isto é, levar a menos de 5% a probabilidade *a priori* de que os resultados de experiências que parecem confirmar a hipótese de inocuidade se devam ao acaso, supondo que a hipótese contrária ficasse comprovada, é uma tarefa cuja necessidade deveria ser reconhecida por todo indivíduo com mentalidade responsável. Cumpre provê-la de meios de pesquisa e de investigação suficientes. Todo mundo deveria concordar com isso sem dificuldade. O tipo de "catastrofismo" implicado na reversão do ônus da prova não extrapola assim em nada o perfeitamente razoável.

Já citei várias vezes o livro de Hans Jonas, *Le Principe Responsabilité* [O Princípio da Responsabilidade] cuja publicação em alemão em 1979 contribuiu sobremaneira para difundir a ideia de precaução (*Vorsorge*) nos países da Europa do Norte. Os teóricos franceses da precaução se acham na obrigação de se referir ao livro de Jonas, mas para nos informar de pronto que não têm nada com ele. É preciso, entretanto, ler esse livro difícil, do qual em geral só se citam algumas fórmulas, sempre as mesmas, como que para conjurar o cheiro de enxofre que dele se exala.

O pensamento de Jonas, pelo que dizem os críticos, seria a condensação de tudo que a postura catastrófica tem de

---

[11] Peter Saunders, *Use and Abuse of the Precautionary Principle*. Institute of Science in Society, Open University, Milton Keynes, Reino Unido, julho de 2000.

excessivo e de invalidante. O filósofo alemão é, e quer ser, um profeta do desastre; seu pensamento é por demais impregnado de teologia; é sob o domínio do medo que ele nos pede para interpretar a nossa situação e de assumir a nossa responsabilidade extrema – atitude interpretativa que ele próprio chama de uma "heurística do medo"; seu radicalismo, enfim, não pode conduzir senão à paralisia da ação, uma paralisia garantida e regida por um regime do tipo totalitário.

Encontra-se, de fato, em *Le Principe Responsabilité*, o "mandamento" seguinte: "dar um peso maior, nos assuntos referentes a essas eventualidades capitais, à ameaça preferencialmente à promessa, e (...) evitar perspectivas apocalípticas, nem que seja à custa de falhar, se for o caso, em consecuções escatológicas".[12] Em termos mais simples: "é necessário dar ouvidos à profecia do desastre mais do que à profecia da felicidade".[13] Jonas especifica:

> (...) Em matéria de assuntos de uma certa ordem de gravidade – os que comportam um potencial apocalíptico –, deve-se atribuir um peso maior ao prognóstico de desastre do que ao prognóstico de salvação. A pressuposição de toda essa consideração [é] a de que hoje e no futuro nós lidamos precisamente com intervenções dessa ordem de gravidade,

---

[12] Hans Jonas, *Le Principe Responsabilité*, op. cit., p. 74.
[13] Ibidem, p. 73.

o que em si é um fato novo nos assuntos humanos.[14]

Acredito ser possível demonstrar que essa posição está bem fundamentada, sendo que não na angústia e nas tremedeiras, e sim com todos os recursos de uma cabeça fria. É racional hoje em dia ser catastrofista no sentido apontado pelo mando de Jonas. Há razões que justificam que se seja assim. Neste livro, apresentarei algumas delas.

"Heurística do medo": vejam só que programa mais detestável, replica a crítica. Como é que se poderia deliberar, ou ao menos pensar, sob o domínio da angústia, tomado de pânico? Assim reage Catherine Larrère: "(...) a 'profecia da infelicidade' (...) exclui toda possibilidade de escolha. (...) A escolha do pior cenário proíbe todo debate democrático: sob a ameaça da catástrofe iminente, não se conseguiria deliberar".[15] Creio ter detectado aqui um completo contrassenso. O ponto de partida de Jonas é, de forma totalmente oposta, o mesmo que o meu, a saber que a perspectiva da catástrofe não nos transtorna – não, não é nada disso! –, ela nos deixa totalmente indiferentes. Como Bergson até a véspera da declaração de guerra, a catástrofe nos parece impossível. É justamente para arrombar esse trinco, que pertence à metafísica, muito mais do que à psicologia, que Jonas apregoa o que é antes de tudo um método. A heurística do medo não é deixar-se levar por uma correnteza de sentimentos, abdicando da razão; é fazer de

---

[14] Ibidem, p. 79.
[15] Catherine Larrère, verbete "Précaution" do *Dictionnaire d'Éthique et de Philosophie Morale*, op. cit.

um medo simulado, imaginado, o revelador do que tem para nós um valor incomparável.

Aliás, será que se teria esquecido que a primeira filosofia moderna, a matriz do racionalismo mecanista na filosofia, está fundamentada precisamente em uma heurística do medo? Rompendo totalmente com o pensamento antigo, Thomas Hobbes renuncia a construir a cidade ideal sobre uma concepção do bem admitida por todos. Para ele, é suficiente ser testemunha da história trágica do seu país para compreender que é em nome de concepções rivais do bem que os homens guerreiam e se matam entre si. Para assentar a paz civil, é, pois, necessário recorrer ao que eles têm em comum – não uma ideia do bem, mas uma mesma apreensão do mal: o medo da morte violenta. Com base nisso, faz-se geralmente de Hobbes o pai do liberalismo, embora a solução política que ele dá ao seu problema signifique fundar sobre a razão o poder absoluto do Estado. O paradoxo é apenas aparente. Fica assim demonstrado na aurora da filosofia moderna que racionalidade e medo não são de modo algum incompatíveis. Jonas é o primeiro a referir-se a Hobbes e a mostrar o que o separa dele. Não somos nós, são os nossos filhos ou nossos sobrinhos em terceiro grau que serão talvez as vítimas das catástrofes que não teremos conseguido impedir tomando a iniciativa. Em Hobbes, cada um dá evidentemente prioridade absoluta à sua própria autoconservação. Na nossa situação, escreve Jonas,

> o que deve ser temido ainda não foi exatamente sentido. (...) Aqui o *malum* imaginado deve então assumir o papel do mal já sentido. (...) Conseguir essa

representação por um pensamento voltado para o futuro se torna a primeira obrigação.

Ele acrescenta:

Mas vê-se imediatamente que não sendo o meu, esse *malum* imaginado não provoca o temor da mesma maneira automática que o faz o *malum* que eu sinto e que me ameaça, a mim. (...) A situação não é, portanto tão simples quanto para Hobbes que também toma como ponto de partida da sua moral o temor de um *summum malum* em vez do amor de um *summum bonum*, a saber o temor de uma morte violenta.[16]

O pensamento de Jonas estaria todo impregnado de teologia. Receio que essa crítica esteja baseada em uma confusão entre teologia e metafísica, que são, é verdade, dois ramos aparentados da reflexão especulativa. É uma ética secular que Jonas pretende erigir. Colocando como Illich

a questão de saber se, sem o restabelecimento da categoria do sagrado que foi integralmente destruída pelo *Aufklärung* científico, nós podemos ter uma ética capaz de entravar os poderes

---

[16] Hans Jonas, *Le Principe Responsabilité*, op. cit., p. 67-68.

extremos que possuímos hoje e que somos quase forçados a adquirir e a colocar constantemente em ação, ele conclui sem ambiguidade: "Uma religião ausente não poderia desincumbir a ética de sua tarefa".[17]

Mas será que se quer dizer com isso que a teologia seria, como o medo, a inimiga do pensamento? Defendi, com Jonas, a posição de que não se podia pôr de lado a metafísica. Como esta última, a teologia é, ou pode ser, uma disciplina racional. Um modismo reza hoje em dia que só há reflexão ética que se preze arrancando-se à dominação da religião. Para ser moral, seria preciso ser ateu. A pobreza dessa posição dispensa comentários.[18]

A concepção absolutista de Jonas só poderia levar à *não ação*. Jonas é o primeiro a revelar o quanto a acusação é gratuita: "O medo que em essência faz parte da responsabilidade não é aquele que desaconselha de agir, mas aquele que convida a agir", escreve em *Le Principe Responsabilité*.[19] Na verdade, não há *ação* que expresse em mais alto grau a liberdade do homem do que a que estabelece limites à sua capacidade individual de agir, sob a forma de imperativos, de normas e de regras com validade universal, e que os respeita. É por essa autolimitação que os indivíduos se tornam

---

[17] Ibidem, p. 60-61.
[18] Para uma análise profunda e acirrada da coletânea de asneiras a que leva essa atitude, remeto ao livro de Monique Canto-Sperber, *L'Inquiétude Morale et la Vie Humaine*. Paris, PUF, 2001.
[19] Op. cit., p. 421.

pessoas autônomas, que entram em comunicação umas com as outras. Pensar isso seria inevitavelmente descambar para o totalitarismo em política? É obviamente o contrário que é verdadeiro. Ou o debate democrático sobre as novas ameaças vai focar cada vez mais os limites que as sociedades industriais vão ter de impor a si próprias, com uma coordenação entre elas, ou então é um ecofascismo apavorante que pode chegar a impor a sua lei ao planeta.

É certo que há às vezes em Jonas certas inflexões autoritárias um tanto inquietantes.[20] Mas eu não tenho de maneira alguma a intenção de propor uma leitura crítica exaustiva de *Le Principe Responsabilité*. Deixarei de lado sequências inteiras da obra de Jonas, em particular tudo que se refere à sua ontologia do bem. Contento-me em dialogar com ele a respeito de alguns pontos que cruzam com o meu próprio procedimento. Vejo em Jonas intuições filosóficas amiúde fulgurantes e faço-as frutificar tanto quanto necessário. A filosofia contemporânea está cortada pelo meio, como é notório, dilacerada entre uma filosofia lógica, dita "analítica", que se escreve hoje principalmente em inglês, e uma filosofia continental que recebeu a herança da fenomenologia e que se escreve, sobretudo, em alemão e em francês. Os espíritos livres não se incomodam com esse cisma. Jonas reconhece que a sua participação na vida filosófica do século XX, que se estendeu ao longo de mais de

---

[20] Assim, ele não hesita em escrever que, sustentados por uma esperança escatológica, os seres humanos deveriam poder "aceitar como o preço a pagar pela salvação física uma pausa da liberdade nos assuntos exteriores da humanidade" (*Pour une Éthique du Futur*, op. cit., p. 115).

setenta anos, "manteve-se afastada de correntes importantes, e mais especialmente da poderosa corrente da filosofia analítica".[21] Pessoalmente, acredito que Jonas teria conseguido encontrar as ferramentas intelectuais que lhe faltaram[22] na teologia e na metafísica racionais que a mencionada filosofia analítica nunca parou de aprofundar. Partilho com Jonas a convicção de que a nossa situação presente nos impõe que priorizemos a ética em relação à política, mas também a metafísica em relação à ética:

> A fé pode muito bem, portanto, proporcionar à ética o fundamento, mas ela própria não está disponível sob encomenda. (...) A metafísica, em contrapartida, foi desde sempre um assunto da razão, e esta se deixa mobilizar quando necessário. (...) O filósofo secular que se esforça em estabelecer uma ética deve previamente admitir a *possibilidade* de uma metafísica racional, não obstante Kant (...).[23]

A "desconstrução" da metafísica ocidental começa de fato com Kant, mas é notório que a filosofia analítica nunca se deixou intimidar pelo empreendimento "desconstrucionista", quer se trate de Kant, quer de Derrida!

---

[21] Ibidem, p. 24.
[22] "Filosoficamente, a metafísica está, nos nossos dias, desacreditada, escreve Jonas, mas não poderíamos prescindir dela; assim, temos de correr o risco de retomá-la." Ibidem, p. 90. Isso só é válido para a filosofia "continental".
[23] Hans Jonas, *Le Principe Responsabilité*, op. cit., p. 98-99.

Será que devo confessar que um aspecto que me agrada em Jonas é o seu nome? Seu nome partilha com outro profeta da desgraça que o antecedeu em quase 28 séculos. Sem querer cair no misticismo, não posso, contudo, deixar de ver aí uma prodigiosa piscadela do destino. Os teóricos da precaução bem que gostariam de lançar ao mar o Jonas que os atrapalha, como os marinheiros estrangeiros decidiram fazer no caso do seu longínquo ancestral. Mostrarei que as desventuras daquele primeiro Jonas, o modelo de todos os bodes expiatórios, tocam o âmago da reviravolta metafísica que proponho.

parte 2
os limites da racionalidade econômica

capítulo 6
a precaução: entre o risco e o incerto

> *A sabedoria não consiste em tomar indiferentemente toda espécie de precauções, mas em escolher as que são úteis e desprezar as supérfluas.*
>
> Jean-Jacques Rousseau, *Júlia ou a Nova Heloísa*

No decorrer do caminho, nos deparamos, então, com o inevitável "princípio de precaução". Mesmo que ela já tenha entrado para os textos, para o direito internacional, para o direito comunitário tanto quanto para o direito francês, as definições que dele são dadas e os comentários que as acompanham passam às vezes a impressão cômica que se procura descrever com precisão um objeto cuja própria existência é incerta. Afinal de contas, não é a própria razão de ser do princípio de precaução a de legislar sobre riscos cuja própria existência é incerta? A partir disso, alguns indivíduos bem-intencionados inferem que se deveria aplicar o princípio de precaução a ele mesmo.[1] A sugestão não deixa de ser interessante. Voltaremos a ela.

---

[1] Ver David Fleming, "The Economics of Taking Care: An Evaluation of the Precautionary Principle". In: David Freestone; Ellen Hey (orgs.), *The Precautionary Principle and International Law*, op. cit. A ideia foi retomada por Philippe

A teoria moderna da prudência – ou seria preferível dizer a teoria da prudência moderna? – se resume basicamente à teoria da escolha racional que Leonard Savage e John von Neumann conceberam durante a Segunda Guerra Mundial. É dentro desse contexto que, hoje, todos os administradores de risco do planeta – que trabalham sobre a confiabilidade de um programa científico e industrial da importância do programa Apolo ou que concebem novas apólices de seguro adequadas aos progressos da genética – pensam, calculam e raciocinam. A prevenção dos riscos, uma ideia velha como o mundo, se integra perfeitamente nessa perspectiva. Às vezes mais vale prevenir do que remediar: o procedimento "custos-vantagens", que não passa de outra denominação dada à teoria da decisão racional, possibilita dizer como ficam as coisas, em tal ou qual caso específico. Comparam-se os custos de uma ação preventiva, que em geral são bem conhecidos, aos benefícios esperados, que, estes, já que se trata de prevenir um acontecimento aleatório, são conhecidos apenas por probabilidade. Vez por outra a incerteza é tamanha que é impossível ou arbitrário conferir probabilidades à eventualidade, pelo menos na medida em que se intenta o reflexo de uma frequência observável nessas probabilidades. Em seu lugar entram então em jogo as numerosas técnicas de cálculo existentes. Entre elas encontra-se o procedimento do *minimax*, que já conhecemos – trata-se de escolher a opção que minimiza o dano máximo –, e o recurso às probabilidades subjetivas, de que vamos falar.

Kourilsky e Geneviève Viney no seu relatório ao primeiro-ministro, *Le Principe de Précaution*, op. cit., p. 21.

A pergunta, insistente e intrigante, é: mas por que se pensou um dia que era preciso conceber outra filosofia da decisão no incerto que seria aplicável a esses novos "riscos" que rondam o meio ambiente, a saúde, a alimentação ou a atividade industrial? Por que se sentiu a necessidade de reforçar a noção de prevenção com a de "precaução"? Seria simples demais responder que o grau de incerteza e a importância das novas ameaças requerem um novo instrumental. Repito que a teoria da decisão racional como forma moderna da prudência (*phronesis*) foi concebida, quanto ao seu princípio, como devendo ter uma validade universal. Por sinal é divertido constatar que os economistas que se apossaram do novo objeto lhe aplicaram os bons velhos métodos que eles dominam com perfeição. O relatório sobre o princípio de precaução que foi entregue ao primeiro ministro em janeiro de 2000 se pergunta a mesma coisa. "As convergências entre precaução, prevenção e prudência poderiam justificar que se substitua o princípio de precaução por um princípio de prudência que englobaria precaução e prevenção", conjecturam Philippe Kourilsky e Geneviève Viney. Aliás, eles não ficam muito longe de tomar eles próprios a iniciativa já que escrevem: "Inserido no contexto da prudência, o princípio de precaução consagra a exigência social de um reforço da prevenção e de uma aplicação inédita desses instrumentos da prevenção [a esses novos riscos]".[2]

A teoria da precaução tem ainda muitos progressos a fazer. Em seu estado atual, ela se acha maculada por um

---

[2] Ibidem.

sem-número de imprecisões, contradições e inconsequências. A minha ambição, volto a dizer, não é salvá-la. O que mais me interessa é observar que as falhas da teoria resultam da tensão em que estão presos os seus autores. De um lado eles procuram isolar o que há de radicalmente inédito nas novas ameaças e que justificaria um procedimento ele próprio sem precedentes. Querendo conformar-se aos cânones do razoável e do racional, eles se veem por outro lado infalivelmente levados de volta aos modelos de pensamento que são desde sempre os seus. Vamos falar bem claro, a teoria da precaução não consegue se desprender do procedimento "custos-vantagens".

Consideremos por exemplo a versão do princípio de precaução que está exposta no artigo primeiro da lei de 2 de fevereiro de 1995, relativa ao reforço da proteção ambiental (dita "lei Barnier"):

> A ausência de certezas, tendo-se em conta os conhecimentos científicos e técnicos até o momento, não deve retardar a adoção de medidas efetivas e proporcionadas visando prevenir um risco de danos graves e irreversíveis ao meio ambiente a um custo economicamente aceitável.

Esse texto se acha dilacerado entre a lógica do cálculo econômico e a consciência de que o contexto da decisão mudou radicalmente. De um lado, as noções familiares e reconfortantes de eficiência, de comensurabilidade e de custo razoável; do outro, a insistência acerca da incerteza dos conhecimentos e acerca da gravidade e da irreversibilidade dos danos. Seria muito fácil argumentar que, se a incerteza está comprovada, ninguém pode dizer o que é uma medida proporcionada (segundo que coeficiente?) a um dano que não se conhece, e sobre o qual não se pode, portanto, dizer se será grave ou irreversível; nem avaliar qual seria o custo de uma prevenção suficiente; nem dizer, supondo-se que esse custo se mostre "inaceitável", como se daria a escolha decisiva entre a salvação da economia e a prevenção da catástrofe.

Nem todos os teóricos da precaução estão sujeitos a esses sentimentos conflitantes. Os economistas puros e os especialistas da teoria do seguro não têm o menor escrúpulo em pôr para funcionar as suas máquinas já bem rodadas. Vamos pegar uma carona com eles em um trecho do percurso, pois é verdade que o procedimento econômico, baseado na teoria da decisão com futuro incerto, dispõe de recursos importantes. Convém avaliá-los antes de concluir, eventualmente, que são insuficientes.

O incerto e as probabilidades subjetivas

Como já assinalei, a noção de risco atinge seu pleno sentido no contexto dos jogos de azar. Nesse contexto é que foram elaboradas a teoria das probabilidades e a teoria das apostas. Se me cobrarem R$ 60,00 para entrar em um jogo em que eu ganho R$ 200,00 se sair "coroa" e perco R$ 100,00 se sair "cara", para mim é racional ficar de fora. Chego a esse resultado multiplicando os ganhos e as perdas pelas suas respectivas probabilidades, tendo estas como base objetiva as frequências de ocorrência dos eventos correspondentes. Era tentador estender, por analogia, esse procedimento a toda espécie de decisões assimiláveis a apostas. Eu faço uma aposta quando jogo na bolsa, prestando-se muito bem essa instituição a uma possível assimilação com um gigantesco cassino. Pode-se dizer que faço uma aposta também quando invisto em determinado setor da economia, mesmo que esta seja mais dificilmente comparável a um jogo de azar. Faço uma aposta quando decido fazer tal excursão pela montanha ou embarcar no navio de longo curso que deve me levar a Nova York. Faço uma aposta quando escolho uma esposa. Assim como Pascal, pode-se dizer que faço uma aposta quando decido crer em Deus.

Terá sido necessário esperar pelo ano de 1921 para que dois grandes economistas, Frank Knight e John Maynard Keynes, protestem contra essa atitude de atribuir probabilidades aos acontecimentos, uma vez que é impossível ou, em muitos casos, muito difícil, isso porque esses acontecimentos só se produzem uma vez ou suas frequências são inobserváveis. Keynes[3] e Knight[4] introduziram então uma distinção de princípio entre dois tipos de incerteza: o risco e o incerto. Há risco quando a incerteza é probabilizável (tem-se acesso às frequências, ou seja, elas são observáveis); do contrário, diz-se que se está no incerto. No caso do incerto, que regra de ação, correspondendo à regra da aposta no caso do risco, cabe adotar? Essas colocações muitíssimo interessantes encontram-se nos

---

[3] *A Treatise on Probability*, 1921.
[4] *Risk, Uncertainty and Profit*, 1921.

textos de Keynes e de Knight daquela época, mas que deviam permanecer letra morta, por uma razão que examineramos logo adiante.

Mesmo que o relatório Kourilsky-Viney não seja tão preciso ou claro quanto seria desejável, a distinção que ele estabelece entre risco "comprovado" e risco "potencial" parece coincidir em parte com a distinção entre o risco e o incerto: "A distinção entre risco potencial e risco comprovado funda a distinção paralela entre precaução e prevenção. A precaução é relativa a riscos potenciais e a prevencão a riscos comprovados".[5] O risco potencial, nos diz o relatório, não é um risco à espera de realização – isso prova, diga-se de passagem, que a palavra "potencial" é uma péssima escolha! – é um "risco de risco", um risco que é objeto de uma conjectura. As coisas se tornariam de imediato mais claras se fosse dito que "o risco potencial" corresponde a um acontecimento perigoso que pode ou não ocorrer (como é o caso de toda eventualidade), mas à ocorrência do qual não é possível atribuir uma probabilidade. Fica-se então tentado a concluir que o segundo termo da alternativa – aquele ao qual vai corresponder a precaução visto que, insiste o relatório, a precaução está para os riscos potenciais o que a prevenção está para os riscos comprovados – não é senão o caso do incerto.

Mas, simplesmente, o relatório Kourilsky-Viney não para por aí. Tendo introduzido a noção de risco de risco, ele já vai encaixando na sequência a noção de probabilidade

---

[5] *Le Principe de Précaution*, op. cit., p. 18.

de probabilidade. Ele raciocina identificando que aquele fato do qual não se possa atribuir uma probabilidade a um acontecimento equivalesse a dizer que há, sim, uma probabilidade, mas que ela é desconhecida. A essa probabilidade desconhecida é possível por sua vez atribuir uma probabilidade, ou melhor, uma distribuição de probabilidades. Vamos dar uma lida no relatório: "As probabilidades não são da mesma natureza: no caso da precaução, trata-se da probabilidade de que a hipótese seja exata; no caso da prevenção, a periculosidade está estabelecida e trata-se da probabilidade do acidente".[6] Proposições como as que se seguem tomam então sentido. Atribuímos a probabilidade e à *hipótese* de que a central nuclear C sofrerá nos próximos vinte anos um acidente crítico com a probabilidade 1-n, e terá um comportamento sem incidente notável com a probabilidade n. Atribuímos a probabilidade 1-e à *hipótese* de que é certo que a mesma central não sofrerá nenhum incidente.

A distinção sobre a qual tudo se fundamenta parece reduzir-se terminantemente ao que separa o caso de um acontecimento do qual se conhece a distribuição de probabilidades (risco comprovado que corresponde a prevenção) do caso de um acontecimento do qual não se conhece a distribuição de probabilidades, mas para o qual se pode determinar uma distribuição de probabilidades a essa distribuição de probabilidades desconhecida (risco "potencial" a que corresponde a precaução). Mas essa distinção se dissipa como uma nuvem de fumaça tão logo é formulada.

[6] Ibidem.

O ato que consiste em introduzir probabilidades em uma distribuição de probabilidades desconhecida é solidário daquele que inaugurou a teoria moderna da decisão racional e a introdução das probabilidades subjetivas. Isso foi feito pelo grande estatístico americano Leonard Savage na década de 1940.[7] Savage tinha assumido a tarefa de axiomatizar o comportamento racional no incerto. Os axiomas que ele havia levantado pareciam, como bons axiomas que eram, corresponder à evidência. Um dentre eles diz que se um indivíduo racional fica indiferente entre uma loteria A e uma loteria B, ele fica indiferente entre cada uma dessas duas loterias e toda combinação linear das duas.[8] O resultado fundamental demonstrado por Savage é o seguinte: se um indivíduo se conforma a esses axiomas, então tudo se passa *como se* o seu comportamento fosse a solução de um problema de maximização, intervindo uma função dos ganhos e das perdas, chamada função de utilidade, e um conjunto de números que se pode interpretar como probabilidades. Tudo se dá como se o indivíduo maximizasse a esperança matemática da sua função de utilidade calculada com as probabilidades em questão. Essas probabilidades, Savage as qualifica de "subjetivas", para indicar claramente que elas não correspondem em nada a uma regularidade

---

[7] Sua obra *Foundations of Statistics* só foi publicada em 1954. Savage estende a justificação da teoria da utilidade esperada já formulada por Von Neumann e Morgenstern em 1944 ao caso das probabilidades subjetivas.
[8] Uma loteria é um conjunto de ganhos ou perdas aos quais se atribui uma distribuição de probabilidades. Se a loteria A (uma chance em duas, ganho 10; uma chance em duas, não ganho nada) e a loteria B (com toda a certeza, ganho 5) é uma combinação linear C, então, a loteria C poderá ser uma chance em quatro, ganho 10; uma chance em duas, ganho 5; uma chance em quatro, não ganho nada.

qualquer da natureza, mas simplesmente a uma *coerência das escolhas* próprias do agente.

É fácil compreender que a introdução das probabilidades subjetivas reduz a nada a distinção entre o incerto e o risco, entre o risco do risco e o risco, entre precaução e prevenção. Se uma probabilidade é desconhecida, determina-se para ela, "subjetivamente", uma distribuição de probabilidades e, em seguida, compõem-se as probabilidades segundo as regras do cálculo de mesmo nome. Não subsiste diferença alguma com o caso em que se dispõe, já de saída, de probabilidades objetivas. Torna-se indiferente dizer:

> a) Nós sabemos de um saber certeiro (pois que enraizado na objetividade das frequências observadas) que X tem uma probabilidade de ocorrência e;

ou dizer:

> b) Nós atribuímos a probabilidade subjetiva e à hipótese de que a ocorrência de X é um acontecimento certeiro,

e isso pelo motivo determinante que $e \times 1 = 1 \times e$.

Em decorrência do caráter aleatório do acontecimento considerado, a incerteza por falta de conhecimentos fica relegada ao mesmo plano que a incerteza intrínseca. A vitória de Savage (ela funda o que se chama de bayesianismo) se revela ser uma vitória de Pirro. Ela reduz a pó a própria distinção que os teóricos da precaução gostariam de instaurar entre esta e a prevenção. Esse ponto ilustra perfeitamente a ambição universal da teoria da decisão. Um economista do risco e um teórico do seguro, torno a repetir, não veem – e não podem ver – nenhuma diferença essencial entre a prevenção e a precaução, portanto, reduzem a segunda à primeira.

Contudo, a teoria de Savage tinha pela frente dificuldades intrínsecas, independentemente de qualquer crítica filosófica, que a conduziriam senão ao abandono pelo menos a revisões substanciais. Antes de examinar uma dessas revisões, gostaria de valorizar devidamente um dos seus recentes sucessos, relativo ao problema que estamos enfocando.

Agir sem aguardar pela informação

Já recordei a origem germânica do *Vorsorgeprinzip*. Acontece que o princípio de precaução tem também uma ascendência inglesa sob o nome de *Precautionary principle*. É na teoria da poupança, em particular na obra de Keynes, que esse princípio veio à luz. O grande economista britânico descobre que o "motivo precaução" é uma das principais razões de os agentes econômicos não consumirem todos os seus rendimentos imediatamente, projetando-se no futuro e avaliando os seus comportamentos de hoje com o olhar do ser que se tornarão mais tarde.

A teoria da poupança desenvolveu-se de forma considerável desde Keynes. Muito recentemente, uma equipe de economistas franceses teve a ideia de aplicar algumas das suas conclusões ao problema que nos interessa aqui. Do seu trabalho, extremamente técnico, mencionarei agora uma ideia apenas, brilhante por seu aspecto paradoxal.[9]

Consideremos a mesma economia, submetida a riscos exógenos idênticos, em dois cenários com evoluções de informação diferentes. No cenário A, a informação de que os agentes dispõem a respeito dos riscos que os ameaçam permanecerá até o fim o que era no começo. No cenário B, essa informação melhorará ao longo do tempo, graças a um progresso dos conhecimentos que se supõe ser independente das escolhas efetuadas pelos agentes. Vem então a pergunta: em qual dos cenários os agentes serão levados, mais cedo, a despender esforços de prevenção? A tentação é grande de responder sem hesitação que é no cenário A. Em B, de fato, os agentes são incitados a esperar porque sabem que estarão então mais bem informados e poderão prevenir os riscos com melhor conhecimento de causa, portanto de maneira mais eficiente.

Apesar de seu caráter tosco, esse modelo consegue apresentar adequadamente um aspecto paradoxal do princípio de precaução, em especial na formulação constante da lei Barnier: se é preciso agir de pronto, não é só *a despeito* do fato de que não se sabe, é *porque* não se sabe agora e mais tarde se saberá. Um bonito paradoxo na verdade.

---

[9] Christian Gollier et al., "Scientific Progress and Irreversibility: an Economic Interpretation of the 'Precautionary Principle'". *Journal of Public Economics*, 75, 2000, p. 229-53

O modelo dos nossos economistas soluciona o enigma com elegância. O argumento é sutil e só comentarei o seguinte. A razão que nos leva a pensar que mais vale esperar no caso B está relacionada ao fato que esperar para agir reduz nesse caso a incerteza. Porém um outro efeito intervém em sentido inverso, o qual, pelo contrário, aumenta a incerteza quando se espera. Em B, se prevê que se disporá mais tarde de uma informação suplementar, mas evidentemente não se pode prever o que ela será. Esse ponto é essencial, e voltaremos a nos deparar com ele mais à frente na discussão. É impossível prever o estado dos conhecimentos no futuro, não por razões de dificuldade prática, mas por impossibilidade lógica: se fosse possível prever agora o saber futuro, esse saber não seria futuro, e sim presente. Ora, as medidas que se será levado a tomar para conjurar o risco dependerão dessa informação que, agora, não se possui. *Ex ante*, isto é, antes de dispor da informação em questão, a incerteza caso se tome a decisão de aguardar é, portanto, maior no caso B do que no caso A.

Dois efeitos trabalham em sentido oposto, e o desfecho depende daquele que for o vencedor. De qualquer forma está demonstrado que existem condições em que a perspectiva de um progresso dos conhecimentos leva a agir preventivamente mais cedo do que no caso em que um progresso assim não é aguardado.

Que condições são essas? Dois traços as caracterizam: um, se refere à psicologia dos agentes em relação ao risco, examinada pela forma de suas funções de utilidade; outro, são tão técnicas no plano matemático que nenhuma tradução no vernáculo é viável.

Isso não pode satisfazer o filósofo. Na medida em que o princípio de precaução almeja ser uma regra ética, não caberia que a sua justificação se fundamentasse, em última instância, em uma psicologia particular, de mais a mais, é impossível descrever na esfera pública. A ética não é uma questão de preferências, ela não reflete as inclinações dos agentes. Sem querer transformá-la a qualquer preço nessa coisa cruel a que Kant estava afeiçoado, não se pode dar força alguma aos imperativos éticos se eles se limitam a repetir no modo do "você deve", o que os agentes tenderiam de qualquer forma a cumprir. Existe uma *objetividade*, uma *publicidade* e uma *universalidade* da ética que a economia normativa parece impotente em fundar, ou até simplesmente em imitar. A economia normativa acredita estar sendo democrática por levar em conta as preferências dos sujeitos, mas ela acaba fazendo da ética uma questão de gosto.

A aversão ao incerto e o gênio maligno da precaução

A teoria da utilidade de Savage suscitou um sem-número de críticas que às vezes tomaram a forma de paradoxos.[10] Dentre eles, um, especialmente elegante, incide diretamente sobre o nosso assunto. Trata-se do paradoxo de Ellsberg (1961),[11] concebido a partir de uma ideia de Knight (1921).

---

[10] O mais famoso é incontestavelmente o paradoxo de Allais.
[11] Daniel Ellsberg, "Risk, Ambiguity and the Savage Axioms". *Quarterly Journal of Economics*, 75, 1961, p. 643-69.

Sejam duas urnas. A urna A é transparente e contém dez bolas pretas e dez bolas brancas. A urna B é opaca, também contém vinte bolas, pretas e brancas, mas ignoram-se suas respectivas proporções. Uma bola é tirada ao acaso de cada uma das duas urnas. O jogador tem de fazer duas coisas: primeiro escolher uma das urnas e em seguida apostar na cor da bola que saiu dela. A teoria de Savage lhe impõe a escolha da urna B, muito embora esta o coloque no incerto e não no risco, para retomar a distinção de Knight. Se o jogador for coerente, de fato, tudo ocorre como se ele atribuísse probabilidades subjetivas ao sorteio de uma bola preta ou branca da urna B. Das duas, uma: se essas probabilidades não são 50%-50%, o jogador deve preferir a urna B à urna A e apostar na cor mais provável; se as probabilidades são exatamente 50%-50%, ele fica indiferente entre as duas urnas.

Mas parecia evidente a Ellsberg que, pelo contrário, a urna A deveria ser escolhida neste caso, e isso porque nela as probabilidades são conhecidas objetivamente. O seu sentimento foi confirmado por uma pesquisa que ele efetuou com os melhores teóricos da decisão do seu tempo, que escolheram, de fato, a urna A em sua grande maioria. Tal é o paradoxo de Ellsberg.

Recentemente, dois economistas, Gilboa e Schmeidler,[12] apoiando-se no paradoxo de Ellsberg, propuseram um enfraquecimento do sistema de axiomas de Savage que levasse à escolha da urna A no contexto de decisão que

---

[12] Gilboa; Schmeidler, "Maxmin Expected Utility with Non-unique Prior". *Journal of Mathematical Economics*, 18, 1989, p. 141-53.

acabamos de estudar. Para tanto, introduziram um elemento de "aversão ao incerto";[13] os agentes preferem dispor de probabilidades objetivas a ter de formá-las subjetivamente com base em informações insuficientes. Essa preferência já é visível no modelo que consideramos na seção anterior. A axiomática de Savage parece pouco alterada por esse elemento. Só o axioma de indiferença que mencionamos fica atingido.[14] Partamos de duas loterias entre as quais o agente fica indiferente. Façamos uma mixagem entre elas e as probabilidades conhecidas – em outras palavras, formemos uma combinação linear das duas loterias com pesos conhecidos. O axioma de Savage, já visto, impunha ao agente que ele se mantivesse indiferente entre a nova loteria e suas duas parentas. A axiomática de Gilboa e Schmeidler, em contraste, pede ao agente para não preferir estritamente uma das duas loterias iniciais à loteria final: ele deve preferir comedidamente a final a uma das duas iniciais. Por que essa mudança reflete uma aversão ao incerto? Partindo de duas situações de incerteza em que as probabilidades podem ser só imperfeitamente conhecidas e mixando-as com probabilidades conhecidas, melhoramos o conhecimento das probabilidades, nos afastamos do incerto e nos aproximamos do risco. Ora, acontece que essa modificação aparentemente benigna e inocente da axiomática transtorna em profundidade o espírito da teoria da decisão.

A teoria a que a axiomática alterada conduz assume, com efeito, a forma seguinte. Tudo se dá como se o agente

---

[13] Não confundir com a noção familiar de aversão com relação ao risco.
[14] Ver nota 8.

formasse *a priori* não uma, mas toda uma família de distribuições de probabilidades subjetivas. Para cada uma das possibilidades de escolha que se apresentam a ele, ele se detém, nessa família, à distribuição que minimiza o ganho que ele pode esperar. Em outras palavras, tudo se dá como se o jogador tivesse ao seu encalço um gênio maligno capaz de agir sobre o seu espírito. Cada vez que o jogador tem em vista tomar uma decisão, ele pode contar com o seu companheiro de infortúnio para mudar para pior as suas crenças acerca das probabilidades iniciais. Parece até que com esse gênio do mal estejamos diante da encarnação do espírito da precaução tal como os seus teóricos o imaginam.

Vamos voltar ao problema das urnas na encenação de Ellsberg. Suponhamos que no ponto de partida o agente forme subjetivamente, relativamente à urna B, a família das distribuições de probabilidades compreendidas no intervalo que separa o caso em que há 45% de bolas pretas do caso em que há 55% delas. O agente cogita apostar no preto: imediatamente o seu espírito maligno faz com que ele acredite que há 45% de bolas pretas; se porventura e por capricho ele quiser apostar no branco, o gênio maligno muda as suas crenças e lhe põe na cabeça que há na verdade 55% de bolas pretas na urna B. Qualquer que seja sua aposta sobre a bola sorteada da urna B, o agente tem a garantia de ganhar somente com uma probabilidade de 45%. No final das contas, é melhor para ele escolher a urna A. Essa conclusão está em conformidade com a intuição.

Se dirá que a feliz conclusão só foi alcançada graças à introdução de uma hipótese psicológica *ad hoc*: a aversão ao incerto, isto é, a preferência pelas situações em que se dispõe de probabilidades objetivas. Devemos notar, contudo, um progresso sensível com relação ao modelo que apresentamos na seção anterior: dessa vez, a hipótese é claramente compreensível e pode ser discutida na esfera pública.

Esse modelo está, entretanto, afetado por uma enfermidade embaraçosa: ele não tem absolutamente nada a dizer sobre a amplidão da família das distribuições de probabilidades iniciais. A determinação desse elemento essencial é deixada para outros considerarem. O fato de o espírito de precaução nos pedir, a cada ato cogitado, que fiquemos focados no pior cenário, mostra que ele necessita ser refreado para não ir longe demais no catastrofismo. Mesmo Hans Jonas, como vimos, insiste nesse ponto capital. Mas a respeito desse "longe demais", a presente teoria se cala.

No entanto, não deixa de ser verdade, do ponto de vista do filósofo, que, sem muito estardalhaço, a teoria revisada causa um impacto no que, desde Aristóteles, é chamado de silogismo prático ou, mais exatamente, na versão que a teoria da decisão dá desse silogismo. Este último comporta uma premissa maior: o sujeito *deseja* X; uma premissa menor: ele *acredita* que o meio x lhe possibilitará obter X; uma conclusão: o sujeito, se é racional, decide adotar o meio x (ou, em outras palavras: é racional para o sujeito adotar esse meio). A estrutura em si do silogismo prático pressupõe que os desejos e as crenças *preexistem* à decisão e são independentes dela. A teoria revisada introduz, em contraste, um círculo de retroação que, parecendo inverter o curso do tempo, ou então anulá-lo, vai da decisão (cogitada) aos seus determinantes, no caso as crenças. A filosofia da ação faz das crenças (e dos desejos), ao mesmo tempo, as causas e as razões da ação. É, pois, necessário conseguir pensar que essas razões, tanto quanto essas causas, possam *seguir* isso, mesmo de que elas são as razões e as causas.

Duvido que o pensamento econômico possa ir muito mais longe na definição desse objeto novo que seria a precaução, enquanto podendo ser outra coisa do que o tipo de prudência que se manifesta na prevenção.

capítulo 7
o véu de ignorância e a fortuna moral

A beleza e o infinito querem ser contemplados sem véus.
Victor Hugo
Post-scriptum da Minha Vida

A teoria da decisão reformulada com vistas a escapar a alguns de seus paradoxos leva à estratégia conhecida pelo nome de *minimax*: trata-se de minimizar a perda máxima (ou ainda, na versão *maximin*, que em princípio lhe é equivalente, de maximizar o ganho mínimo). Essa estratégia foi primeiramente concebida para caracterizar o comportamento de um jogador participando de um jogo de azar, um jogador que seria exageradamente prudente (fala-se em aversão exagerada *em relação ao risco*), no sentido em que ele se comportaria como se o pior fosse sempre certo.[1] É muito interessante, então, ver que uma aversão com relação ao *incerto* leva a justificar

---

[1] Vou repeti-lo na esperança de dissipar um mal-entendido que se encontra por toda parte, particularmente, como vimos, nos críticos de Jonas: *isso não quer dizer de maneira alguma que o jogador acredita que "o pior" vai acontecer*. Primeiro, não há "um pior", mas tantos quantas forem as linhas de ação cogitadas; segundo, não se trata de dizer em que o jogador *acredita* a respeito do futuro *atual*, mas de dizer como ele *raciocina* comparando futuros *condicionais*: se eu fizesse isto, eis o que aconteceria.

a mesma estratégia. Tudo se dá como se o jogador que prefere dispor de probabilidades objetivas em vez de ter de formá-las subjetivamente com base em informações insuficientes se comportasse como um jogador infinitamente prudente, no sentido da estratégia *minimax*.

Entretanto, repito, essa discussão nos mantém no campo da subjetividade e da psicologia, um campo que temos necessariamente de abandonar se queremos fundar algo da ordem da objetividade ética.[2]

Ora, existe na literatura filosófica contemporânea um caso famoso de justificação de uma estratégia *minimax* que foge completamente a toda psicologia. Esse caso é tanto mais interessante de analisar no contexto desta discussão que ele foi repetidamente objeto de contrassensos, em particular por parte dos economistas, que o rebaixaram prontamente ao plano da psicologia. Refiro-me à maneira pela qual John Rawls justifica, em sua *Théorie de la Justice*, a escolha dos princípios que ele defende

---

[2] A grande especialista da avaliação e da administração dos riscos na Universidade Stanford, Marie Elisabeth Paté-Cornell, defende de forma convincente a tese de que a aversão em relação ao incerto é uma fonte de desperdícios econômicos e sociais. Tomada como base para uma política de prevenção, essa aversão pode levar a gastar demasiados recursos na frente dos riscos mal conhecidos, para os quais não se dispõe de probabilidades confiáveis, nem de recursos suficientes para se lançar na prevenção de riscos bem conhecidos. (Pode-se pensar na moderada precaução dos meios destinados na França à prevenção dos acidentes nas estradas ou à redução do consumo de tabaco e álcool.) Ver o seu artigo de síntese: Marie Elisabeth Paté-Cornell, "Uncertainties in Risk Analysis: Six Levels of Treatment", *Reliability Engineering and System Safety*. Elsevier, 54, 1996, p. 95-111. Pessoalmente, concluo daí que não é sobre um traço psicológico do tipo da aversão em relação ao incerto que se pode construir uma ética adaptada ao tempo das catástrofes.

em um contexto voluntariamente mantido no incerto e denominado justamente "véu de ignorância".[3] A filosofia de Rawls está inserida no contexto deontológico da moral kantiana. Seu alvo principal é o consequencialismo, sobretudo na variante utilitarista que dominou a cena filosófica de língua inglesa durante quase dois séculos.

Imaginemos que os membros de uma sociedade debatam princípios de justiça a que deve satisfazer a estrutura fundamental da ordem social. Se, como esse é o caso em todas as instâncias deliberativas de uma sociedade democrática, cada qual se apresenta com os seus condicionamentos de ser social e histórico, movido por interesses de classe ou de estatuto, e pronto para usar de astúcia ou de força para ocupar a melhor posição possível na negociação coletiva, é evidente que o acordo unânime fica impossível. Mas, diz Rawls como bom kantiano que é, seres motivados dessa forma e submetidos à heteronomia de suas determinações específicas não agem como indivíduos livres e racionais, mas como criaturas pertencentes a uma ordem inferior. A sua deliberação não tem, portanto, valor ético algum, estando submetida à contingência dos fatos naturais e sociais.

Ora, a solução imaginada por Rawls para fazer do contrato social um ato coletivo *equitativo* é bem pouco kantiana. Não se trata de subtrair o campo ético à ordem da finalidade e aos interesses pelas coisas desse mundo. Segundo Kant, basta que a motivação de um ato tenha a ver com o prazer ou a felicidade que ele proporciona para

---

[3] John Rawls, *Théorie de la Justice*. Paris, Éd. du Seuil, 1987.

que, por mais nobre e elevado que ele seja, a mácula que o universo sensível introduz nas inclinações naturais nos faça decair da ordem moral. O "desinteresse" rawlsiano não tem essa santidade e esse caráter absoluto.

Os membros da sociedade deliberarão em condições equitativas, supõe Rawls, se estiverem desprovidos das informações que os conduziriam, se as possuíssem, a influenciar os debates no sentido de favorecer seus interesses particulares. Ele imagina então uma situação de partida hipotética, a *posição original*, na qual cada um ignora tanto o seu lugar na sociedade, seu estatuto social e a classe a que pertence quanto as suas capacidades intelectuais e físicas, bem como as suas inclinações de qualquer tipo que sejam e as suas características psicológicas. Cobertos por esse véu de ignorância, os societários julgam, como pessoas livres e racionais, em situação de igualdade. Mas as suas motivações permanecem puramente interesseiras.

Já que cada cidadão se encontra exatamente na mesma posição com relação aos demais do que cada um destes com relação a ele, o acordo sobre os princípios de justiça que devem governar as estruturas de base da sociedade não pode ser senão unânime. Aqui, a unanimidade é, pois, uma necessidade lógica, decorrente das condições da posição original. Privados do conhecimento do que os poderia indispor uns contra os outros, os seus interesses, a sua concepção de uma vida boa, etc., os cidadãos se determinam, literalmente, a uma só voz. Acreditando estar em terreno conhecido, os economistas leitores de Rawls concluíram que se tratava de um problema de decisão clássico, o da escolha racional de um indivíduo isolado em situação de incerteza não "probabilizável". O autor de *Théorie de la Justice,* cujas formulações às vezes imprecisas ou ambíguas não ficam alheias a essa interpretação, teve a oportunidade desde então, por várias vezes, de denunciá-la como sendo um contrassenso. Pois o que está em pauta aqui é um contrato social e não um mecanismo do tipo "mão invisível": os membros da sociedade se falam e se comprometem uns com os outros. A promessa, o comprometimento, o pacto são reguladores éticos e políticos totalmente estranhos ao universo do *homo economicus,* e desempenham um papel de primeiro plano na problemática da *Théorie de la Justice.* A unanimidade rawlsiana não é, portanto daquelas a que chegam, por se defrontarem com um problema idêntico, indivíduos racionais, separados e sem relações: é o consentimento, partilhado por seres autônomos e racionais, com as implicações necessárias da equidade.

A tarefa a que Rawls se obriga ao longo do seu livro é a de mostrar que, nessas condições, o acordo dos societários se dará em torno de um conjunto de princípios de justiça particulares, cuidadosamente formulados e hierarquizados. A bem da verdade, Rawls não tem a intenção de demonstrar que se trata aí do *optimum optimorum.* Ele se limita, mais modestamente, a provar que, colocados diante de uma lista reduzida de concepções distintas da justiça, entre as quais se encontram os princípios em questão, os societários concordarão com estes últimos. Os concorrentes principais são diversas variantes do utilitarismo.

Desses princípios, só reteremos o ponto seguinte: a obrigação racional que esses princípios impõem aos cidadãos na posição original de julgar do ponto de vista daquele que, no mundo real, será o mais desfavorecido. Os princípios rawlsianos da justiça pedem que a posição daquele que é o menos amparado em diversos setores, cuidadosamente hierarquizados, seja maximizada.

Esse último traço reteve a atenção dos comentadores, e muitos foram os que criticaram Rawls por ter dotado os seus societários de uma "aversão exagerada pelo risco". Ao que se disse, o *maximin* – tranquilizado, no fundo, por achar-se em terreno conhecido – é o princípio familiar da teoria da decisão no incerto. Por que os societários raciocinariam assim, retrucou-se apressadamente, por que deveriam se colocar na pele do menos amparado? Um jogador de pôquer não correria o risco de ser escravo se isso lhe desse uma chance de ser rei?

Para convencer-se da inexatidão dessa interpretação, basta lembrar o seguinte: *a psicologia dos societários não tem nada a ver com o caso, já que eles ignoram tudo a seu respeito*. O argumento de Rawls é na verdade de natureza totalmente diversa. Os societários não são decisores isolados, são associados que se comprometem uns com relação aos outros a respeitar um contrato segundo princípios definidos publicamente e aceitos unanimemente. O contrato cria vínculos, e o comprometimento, obrigações. Ninguém se envolverá se estiver em dúvida quanto à sua capacidade de honrar a sua promessa. Tanto mais que esta é definitiva, irrevogável e que o seu objeto é nada menos do que a estrutura de base da sociedade. Se duas concepções da justiça estão em concorrência, é que uma viabiliza, ou *a fortiori* torna necessária, posições inaceitáveis por quem quer que seja, ao passo que a outra exclui tal eventualidade, é esta última que deverá ser escolhida. Imaginemos, com efeito, que um societário se tenha comprometido de maneira irrevogável, sob o véu de ignorância, a respeito de princípios de organização da sociedade e que, uma vez que o véu foi dissipado, ele se veja em uma posição que, *em função da própria organização social com que ele consentiu*, lhe pareça moralmente intolerável. Esse societário estaria confrontado com um dilema moral insolúvel e intolerável: ou ele renegaria um comprometimento que ele próprio considerava definitivo, ou ele se conformaria com o que ele considera inaceitável, perdendo toda dignidade. Qual seria então o seu sentimento moral? Há uma palavra para designá-lo: o *arrependimento*; uma expressão também, e a emoção que corresponde a ela: "Tarde demais!".

Todo o esforço de Rawls consiste em provar que o detentor da posição menos favorável está condenado a ver-se, em uma sociedade governada por princípios utilitaristas, como um simples meio a serviço de um fim que o supera. Ninguém pode conservar o respeito por si mesmo nessas condições, pois esse respeito se alimenta do respeito que os outros têm por você – que é aqui inexistente. Em compensação, a concepção da justiça que Rawls defende torna, a seu ver, o societário menos amparado, um cidadão no pleno sentido da palavra, em pé de igualdade com todos os demais. O que é uma prova suficiente da superioridade da concepção rawlsiana.

Este não é o contexto apropriado para um exame mais aprofundado dos argumentos fornecidos por Rawls para justificar essa tese. O que nos interessa por ora é a possibilidade de fundar uma posição "catastrofista" – no sentido do privilégio conferido ao "pior cenário" – com um embasamento mais sólido e universal, do que uma psicologia particular em relação ao incerto. Resta averiguar se semelhante demonstração pode ser apresentada no caso que estamos investigando, a saber: a postura filosófica que cumpre adotar diante das novas ameaças.

Para seguir adiante nessa direção, é útil introduzir uma noção da filosofia moral que, no contexto neokantiano que predomina no nosso desenvolvimento, não pode soar senão como um oximoro, uma contradição de termos: a noção de "fortuna moral" (*moral, luck* em inglês). Ela nos possibilitará, de fato, medir o abismo que separa o juízo probabilístico, quaisquer que sejam os seus refinamentos, do juízo moral (ou, simplesmente, do juízo que se faz seguindo o padrão da racionalidade, com a condição de não reduzir esta à concepção singularmente empobrecida que dela dão os economistas).

Suponhamos que haja em uma urna, tal como a urna A do problema de Ellsberg, dois terços de bolas pretas contra um terço de bolas brancas. Ainda se trata de apostar em uma cor. Deve-se obviamente apostar no preto. Haja um novo sorteio, novamente se deverá apostar no preto. *Sempre* se deverá apostar no preto, muito embora se preveja que em um terço dos casos em média se está condenado a errar. Suponhamos que saia uma bola branca e que se descubra quê se errou. Essa descoberta *a posteriori* é de uma natureza tal que chegaria a alterar o juízo que se tem retrospectivamente da aposta que se fez? Não, é claro, tinha-se razão de escolher o preto, mesmo que tenha acontecido que o que saiu foi o branco. Na esfera das apostas, não há retroatividade concebível da informação que passou a estar disponível a respeito do juízo de racionalidade que se faz sobre uma decisão passada feita em situação de futuro incerto ou arriscado. Para dizer nos termos da filosofia analítica: a base de *sobrevivência* do juízo probabilístico não pode incluir informação alguma que só esteja disponível depois que se tiver agido. Ora, essa é uma limitação do juízo probabilístico de que não se encontra um equivalente no caso do juízo moral.

Em uma festa regada a álcool, um homem bebe sem moderação. Apesar disso, decide, com conhecimento de causa, voltar para casa de carro. Está chovendo, as ruas estão molhadas. O farol passa para o vermelho, o homem freia com tudo, mas um pouco tarde demais, fazendo que o carro estanque após uma leve derrapada, *depois* da faixa de pedestres. Dois cenários são possíveis: não havia ninguém na faixa. O homem leva um susto enorme e a história termina aí. Ou então outro cenário: o homem atropela uma criança e ela morre. O direito, é claro, mas sobretudo a moral não chegarão ao mesmo juízo tanto em um caso como no outro. Variante: o homem pegou o carro quando estava sóbrio. Ele não tem nada a se censurar. Mas há uma criança que ele atropela e mata ou então não há uma. Também dessa feita o desfecho imprevisível retroage sobre o juízo que ele próprio tem de sua própria conduta.

Eis um exemplo que devemos ao filósofo britânico Bernard Williams[4] e que apresentamos de forma bem

---

[4] Bernard Williams, *Moral Luck*. Cambridge, Reino Unido, Cambridge University Press, 1981.

simplificada. Um pintor – vamos chamá-lo de "Gauguin" para ficar mais fácil – decide abandonar a mulher e os filhos e partir para o Tahiti a fim de viver uma nova vida que lhe trará, assim ele espera, a sorte de tornar-se o gênio da pintura que ele ambiciona ser. Será que ele tem razão de agir assim? Será moral agir assim? Williams defende com grande sensibilidade e sutileza a tese de que, se há uma justificação possível para o seu ato, ela só pode ser retrospectiva. Só o sucesso ou o fracasso do seu empreendimento nos permitirá – permitirá a ele – chegar a um juízo. Ora, o fato de que Gauguin se torne ou não um gênio da pintura é em parte uma questão de sorte – a sorte de ser capaz de se tornar aquilo que se tem a esperança de ser. Gauguin, ao tomar a sua decisão dolorosa, não pode saber o que o futuro lhe reserva, como se diz. Dizer que ele faz uma aposta seria incrivelmente redutor. No seu aspecto paradoxal, o conceito de "fortuna moral" preenche um vazio na maneira pela qual podemos descrever o que está em jogo nesse tipo de decisão no incerto.

Hoje em dia uma forte pressão é exercida sobre o direito da responsabilidade civil tanto quanto sobre o direito da responsabilidade penal para que, dentro do contexto das novas ameaças, eles rompam com o princípio de não retroatividade da lei: "A lei só dispõe para o futuro e não tem efeito retroativo" é o que prescreve o artigo 2º do Código Civil. Escrevendo sobre o que se chama de "risco de desenvolvimento" – o risco de que um produto seja "afetado por um defeito indetectável e imprevisível cujo conhecimento só se manifestará depois de um certo prazo, e cuja imputação ao produto ou ao produtor não poderá ser feita em um estado da ciência que não seja aquele no âmbito do qual o produto foi posto em circulação, utilizado e consumido" –, François Ewald recorre a um tom de tragédia para falar da transformação que provoca um abalo no direito da responsabilidade. Como na *Quinta Sinfonia* de Beethoven, o tema do destino que bate à porta retorna à maneira de um *leitmotiv*:

> O princípio clássico da responsabilidade civil, formulado pelo artigo 1382 do Código Civil que fazia intervir a falta, supunha que não se podia ser responsável senão pelo que se podia saber, que não se podia ficar responsável sem ter podido ter consciência de agir mal. Até então, era-se julgado e sancionado por aquilo que se devia saber, o que se deveria ter sabido, isso estando necessariamente definido no âmbito de um determinado estado da ciência e dos conhecimentos. A pergunta que é levantada pela hipótese do risco de desenvolvimento é nova no sentido em que se trata de resolver um certo conflito de leis no tempo. Pode-se julgar equitativamente um ato de outro de um modo que não em função dos elementos que acompanham a consciência dele? Não há injustiça em julgar um ato em função de um outro estado de consciência do que aquele segundo o qual ele pôde ser efetuado? É justo, mesmo com fins de indenização, avaliar um ato em função de suspeitas e de dúvidas que só se é capaz de formular muito depois?

Pode-se dizer que com a questão do risco de desenvolvimento nós redescobrimos a figura do destino, porém com a diferença de que, no mundo antigo, o destino só remetia aos deuses, ao passo que, para nós, ele está daqui por diante sempre e necessariamente ligado a uma figura humana. Nossa figura do trágico pertence ao mundo da tecnologia, é a das situações em que, em razão de transformações na consciência e na natureza das coisas, o consumidor vai descobrir, em uma espécie de *revelação retroativa*, o mal que o acomete, sua decepção, sua confiança traída: "não era o que eu achava, o que eu esperava, o que me haviam dito, prometido"; em que, por seu lado, o industrial é perseguido por algo que não só ele não queria, não tinha podido querer, mas que ele tinha feito de tudo para evitar: "eu não fiz isso, eu não quis isso, eu não pude querer isso". A questão se coloca somente em função de uma nova conjuntura da relação saber-poder e dos problemas de responsabilidade que ela induz, somente a partir da tomada de consciência de que nossas sociedades são vulneráveis a um novo tipo de risco, em uma nova consciência do trágico.[5]

Temos agora todos os elementos para unir a análise do véu de ignorância e a da fortuna moral. Como o Gauguin de Bernard Williams, mas em escala totalmente diversa, a humanidade encarada como sujeito coletivo fez uma escolha de desenvolvimento das suas capacidades virtuais que a leva a cair sob a jurisdição da fortuna moral. É possível que sua escolha conduza a grandes

---

[5] François Ewald, "Précaution, Incertitude et Responsabilité", verbete "Risques Technologiques", *Encycloppaedia Universalis*. Paris, ed. 2001 (grifo meu).

catástrofes irreversíveis; é possível que ela encontre meios de evitá-las, de contorná-las ou de superá-las. Ninguém pode dizer o que se dará. O juízo só poderá ser retrospectivo. Porém, como ocorre com a problemática rawlsiana, é possível antecipar não o juízo em si, mas o fato de que ele só poderá ser dado com base no que se saberá quando erguer-se o véu. *Portanto ainda está em tempo de fazer com que jamais os nossos descendentes possam dizer: "tarde demais!"* – um tarde demais que significaria que eles estariam em uma situação em que nenhuma vida humana digna desse nome seja possível. "Eis-nos assaltados pelo temor desinteressado a tudo que advirá muito depois de nós – ou melhor, pelo *remorso antecipador* a seu respeito", escreve Jonas.[6] É então *a antecipação da retroatividade do juízo* que funda e justifica a postura catastrofista.[7] Tornaremos a encontrar na última parte, dedicada à metafísica, esse círculo notável entre o futuro e o passado.

---

[6] Hans Jonas, *Pour une Éthique du Futur*, op. cit., p. 103.

[7] Noto com divertimento que as discussões de peritos em escala internacional que resultaram no protocolo de Kyoto sobre a necessária redução das emissões de gases do efeito estufa deram à luz um tipo de estratégia dito "sem arrependimento". Sua inspiração é exatamente o oposto do que acabo de expor. Trata-se de não fazer nada de que pudesse se arrepender de ter feito se ficasse manifesto, uma vez retirado esse véu de ignorância que constitui a imprevisibilidade do futuro, que os profetas do desastre estavam errados! Ver Stephen R. Dovers; John W. Handmer, "Ignorance, Sustainability, and the Precautionary Principle: Towards an Analytical Framework". In: Ronnie Harding e Elizabeth Fisher (orgs.), *Perspectives on the Precautionary Principle*. Sidney, Austrália. The Federation Press, 1999. Em francês, ver Jean-Charles Hourcade, "Précaution et Approche Séquentielle de la Décision Face aux Risques Climatiques de l'Effet de Serre". In: Olivier Godard (org.), *Le Principe de Précaution dans la Conduite des Affaires Humaines*, op. cit., p. 281-93.

capítulo 8
saber não é crer

> Pertenço a um país vertiginoso onde a loteria é uma parte essencial do real.
>
> Jorge Luis Borges, "A Loteria em Babilônia", *Ficções*

Nem todos os teóricos da precaução são como esses economistas de risco ou esses especialistas em seguro que se esforçam de maneira muito engenhosa para incrementar ao máximo as performances de sua ferramenta usual com vistas a justificar a razão desse objeto novo que seria a precaução. Outros, e são muitos, se perguntam o que há de singular ou de novo no tipo de incerteza própria às ameaças que pesam sobre o meio ambiente, a saúde ou a paz do mundo. Essa incerteza, pelo que eles pensam, é tão específica que só ferramentas novas, só concepções inéditas da racionalidade possibilitariam lidar com ela, ou ao menos reduzi-la. Cumpre imaginar procedimentos de deliberação, de participação e de decisão em conjunto que farão da incerteza angustiante um fardo compartilhado e equitativamente repartido. Já que corremos o risco de ver o céu desabar sobre a nossa cabeça, vamos nos manter unidos e fazer ao menos com que os responsáveis digam a verdade aos cidadãos.

Nesse debate entre os teóricos do risco e os pesquisadores que se recusam a isolar os processos de decisão do seu contexto social e político, a força dos primeiros vem de que o caráter inédito da incerteza própria das novas ameaças não salta aos olhos. Por que mudar os bons velhos métodos? É de forma constitutiva que as ciências e as artes aplicadas têm de tratar com o aleatório. O engenheiro que calcula o diâmetro de um cabo de segurança, o médico que prescreve um novo medicamento, o diretor de central atômica que testa um método para melhorar a segurança de um reator com o risco de provocar uma catástrofe grave, o chefe de Estado que põe em perigo a paz mundial decidindo construir um escudo antimísseis para proteger o seu país, todos pesam os prós e os contras, fazem uma estimativa das chances e, quer saibam, quer não, "praticam o custo-benefício". O que há no efeito estufa, na doença da vaca louca ou nos acidentes industriais que justificaria que se procedesse de outro modo?

Já encontramos respostas parciais. E dito a nós que no caso das novas ameaças a incerteza provém menos da existência de uma contingência do que da impotência relativa da ciência. A incerteza não é objetiva, mas epistêmica e subjetiva. Será mesmo? Essa interpretação tem o mérito de ser tranquilizadora, e pode-se apostar que uma "política de precaução" incluirá inevitavelmente o mando de que é obrigatório prosseguir com o esforço de pesquisa – como se a distância entre o que se sabe e o que se precisa saber pudesse ser vencida por um esforço extra por parte do sujeito conhecente.

Quem dera! Mas não é assim, e novamente é Hans Jonas quem melhor expressa, a esse respeito, a situação trágica em que nos achamos. Eis o que ele escreve:

Nessas circunstâncias, o saber se torna uma obrigação prioritária muito acima de tudo que no passado se reivindicava como sendo o seu papel, e o saber deve ser da mesma ordem de grandeza que a amplidão causal do nosso agir. Ora, o fato de que ele não *pode* realmente ser da mesma ordem de grandeza, o que quer dizer que o saber previsional fica aquém do saber técnico que dá poder ao nosso agir, toma ele próprio uma significação ética. O abismo entre a força do saber previsional e o poder do fazer gera um novo problema ético. *Reconhecer a ignorância* se torna assim a outra vertente da obrigação de saber, e esse reconhecimento se torna também uma parte da ética que deve ensinar o controle de si, cada vez mais necessário do nosso poder excessivo.[1]

A força da posição de Jonas é que ele de pronto coloca a questão no nível ético. Tendo o nosso fazer ultrapassado certos limiares críticos, temos uma obrigação de saber que bate de encontro à impossibilidade de saber. Essa situação viola, portanto, o princípio metaético segundo o qual dever implica poder. Em geral não há obrigação de fazer o que não se pode fazer. E, contudo, aqui, nós *devemos* saber muito embora não o possamos.

---

[1] Hans Jonas, *Le Principe Responsabilité*, op. cit., p. 33 (grifos meus).

"O saber exigido é *necessariamente* sempre um saber que não existe ainda no momento, escreve ainda Jonas, e como saber antecipado ele não existirá nunca, senão, quando muito, como saber disponível ao olhar retrospectivo."[2] Pode-se apresentar numerosos argumentos que assentam a ignorância necessária da qual fala Jonas na *objetividade* dos grandes sistemas que ameaçam o mundo. Dentre esses argumentos, distinguirei três tipos.

O primeiro argumento diz respeito à complexidade dos ecossistemas.[3] Essa complexidade lhes confere uma extraordinária estabilidade e uma não menos notável resiliência. Eles podem enfrentar toda espécie de agressões e encontrar meios de se adaptar para manter a sua estabilidade. Todavia, isso só é válido até um determinado ponto. Ultrapassados alguns limiares críticos, eles descambam bruscamente para outra coisa, a exemplo das mudanças de fase da matéria, desabando completamente ou então formando outros tipos de sistemas que podem ter propriedades fortemente indesejáveis para o homem. Em matemática, tais descontinuidades são chamadas de catástrofes. Esse desaparecimento brutal da resiliência confere aos ecossistemas uma particularidade que engenheiro algum conseguiria transferir para um sistema artificial sem perder imediatamente o seu cargo: os sinais de alarme só disparam quando é tarde demais. Enquanto

---

[2] Ibidem, p. 70.
[3] Ver os desenvolvimentos realmente notáveis de David Fleming, "The Economics of Taking Care: An Evaluation of the Precautionary Principle", loc. cit.; David Pearce, "The Precautionary Principle and Economic Analysis". In: Timothy O'Riordan e James Cameron (orgs.), *Interpreting the Precautionary Principle*, op. cit.; e, no mesmo livro, Timothy O'Riordan e James Cameron, "The History and Contemporary Significance of the Precautionary Principle".

se estiver longe desses limiares, pode-se tomar a liberdade de mexer um pouco com os ecossistemas na mais completa impunidade. Um cálculo de custos-benefícios é então aparentemente inútil, ou fechado antecipadamente, visto que no prato da balança onde devem constar os custos não há, ao que parece, nada a ser colocado. Eis como a humanidade pôde, durante séculos, nem dar bola para o impacto do seu modo de desenvolvimento sobre o meio ambiente. Achegando-se dos limiares críticos, o cálculo custos-benefícios fica irrisório. A única coisa que conta nessa altura é, de fato, não ultrapassá-los de maneira alguma. Inútil ou irrisório, percebe-se que por razões que se devem não à insuficiência temporária dos nossos conhecimentos, e sim às propriedades objetivas e estruturais dos ecossistemas, o cálculo econômico é de uma parca ajuda. Acrescenta-se a isso o fato de nem sequer sabermos onde se situam os limiares.

O segundo argumento está ligado aos sistemas criados pelo homem, digamos os sistemas técnicos, os quais podem interagir com os ecossistemas para formar sistemas híbridos. Uma das grandes perguntas que o tipo de desenvolvimento industrial coloca a esse respeito é a da possibilidade de substituir indefinidamente o natural pelo artificial[4] ou, para retomar a problemática illichiana, a produção autônoma pela produção heterônoma. Os sistemas técnicos apresentam propriedades muito diferentes daquelas dos ecossistemas, e isso em consequência da importância que aí assumem os círculos de retroação

---

[4] Esse ponto fica bem evidenciado por Timothy O'Riordan e James Cameron, "The History and Contemporary Significance of the Precautionary Principle", ibidem.

positiva. Analisei demoradamente esse ponto ao tratar da evolução técnica e do teorema de von Foerster. Pequenas flutuações no começo da vida do sistema podem se achar ampliadas e dar-lhe uma direção perfeitamente contingente e talvez catastrófica, mas que, no interior, se aparenta a um destino. Esse tipo de dinâmica ou de história evidentemente escapa da previsão. Nesse caso, também, a falta de conhecimento não resulta de um estado de fato que poderia ser mudado, mas de uma propriedade estrutural. A não previsibilidade existe por princípio.

A não previsibilidade existe por princípio igualmente por uma terceira razão, lógica dessa vez, que já encontramos e que Jonas exprime falando do "caráter não predizível, isto é, que não pode ser inventado com antecedência, das invenções futuras".[5] Toda previsão de um estado de coisa que depende de um saber futuro é impossível, pela simples razão de que antecipar esse saber seria torná-lo presente e o demoveria do seu lugar no futuro.

Dou um resumo do debate. Por procurar se distinguir da prevenção, a precaução é levada a deixar fortemente marcada a diferença entre a incerteza probabilizável da contingência (à qual corresponde a prevenção) e o incerto por falta de conhecimento (com o qual está relacionado a precaução); no primeiro, caso a incerteza é objetiva; no segundo, ela é subjetiva. A teoria da decisão no incerto, respaldada pelo conceito de probabilidades subjetivas, compacta esses dois níveis em um só. Tudo se torna subjetivo, já que as probabilidades atribuídas tanto

---

[5] Hans Jonas, *Le Principe Responsabilité*, op. cit., p. 70.

às contingências quanto às hipóteses que se formam a respeito delas traduzem não uma realidade exterior, mas a coerência das escolhas do agente. Dá para compreender por que os teóricos da precaução têm de se proteger contra uma apoderação por demais radical de seu assunto pelos economistas puros. Ora, também a análise que eu acabo de apresentar tende a eliminar a distância entre as duas formas de incerteza, mas pela razão exatamente oposta.

Por que se considera que a incerteza que se tem com relação a um acontecimento que se julga *aleatório* – digamos, um acidente rodoviário – é uma incerteza *objetiva*, que se pode medir por meio de probabilidades? Poderia-se arguir que essa incerteza é também epistêmica, portanto, subjetiva. Foi a queda de um dado que forneceu à maioria das nossas línguas as palavras do acaso, da sorte ou da contingência. Ora, a queda de um dado é um fenômeno físico no qual se vê hoje um sistema determinista com baixa estabilidade, sensível às condições iniciais, logo, imprevisível – um "caos determinista", segundo a terminologia agora consagrada. Mas o Deus cuja existência Laplace não julgava necessário postular poderia, quanto a ele, prever a face sobre a qual o dado vai cair. Não se poderia então dizer que o que é incerto para nós, não para esse Deus matemático, só é incerto por falta de conhecimento da nossa parte? Portanto, essa incerteza é também epistêmica e subjetiva?

É plenamente justificado chegar a uma conclusão diferente. Se a contingência é imprevisível para nós, não é em razão de uma falta de conhecimento que poderia ser suprida por pesquisas mais avançadas; é porque só um calculador infinito poderia prever um futuro que, pelo fato da nossa finitude, seremos para sempre incapazes de antecipar. A nossa finitude não deve ser colocada, obviamente, no mesmo plano do que o estado dos nossos conhecimentos. A primeira é um dado insuperável da condição humana; o segundo um fato fortuito que poderia ser a todo momento diferente do que é. Temos então razão de tratar a incerteza *para nós* da contingência como uma incerteza objetiva, embora essa incerteza possa desaparecer para um observador infinito. Ora, a nossa situação em relação às novas ameaças não apresenta absolutamente nada de diferente. É ingenuidade, para não dizer que entra aí uma dose de impostura, apresentar a implementação do princípio de precaução como dependente da "ausência de certezas, *levando-se em conta os conhecimentos científicos e técnicos do momento*", como faz a lei Barnier. Falo de impostura porque fica assim subentendido que um esforço por parte da pesquisa científica poderia dar cabo da incerteza em questão, que só estaria aí de maneira puramente contingente.[6] Os

---

[6] Ronnie Harding e Elizabeth Fisher desmontam muito bem essa ilusão, às vezes alimentada pelos próprios cientistas, em sua introdução, "Uncertainty, Risk and Precaution: Exploring the Links", na quarta parte do seu livro, *Perspectives on the Precautionary Principle,* op. cit. Gérard Mégie mostra de maneira bastante clara que a pesquisa científica pode às vezes aumentar a incerteza e não reduzi-la. Ele toma o caso do qual ele é o especialista mundial, o do ozônio estratosférico: ver o seu "Incertitude Scientifique et Décision Politique: Le Cas "historique" de l'Ozone Stratosphérique". In: Olivier Godard (org.), *Le Principe de Précaution dans la Conduite des Affaires Humaines,* op. cit., p. 215-43. Os trabalhos já citados de André Orléan sobre a especulação mimética ilustram que ao progredir no sentido de um maior realismo, a teoria econômica do mercado dissipa a ilusão de que uma melhor compreensão dos mecanismos leva a um maior domínio. No caso da química da alta atmosfera como no da economia, a razão daquilo que pode parecer primeiro um paradoxo é que o progresso da ciência passa pelo da modelização. Ora, no caso em que a realidade é complexa, a fidelidade

três tipos de argumentos que apresentei mostram que o déficit de conhecimento não é aqui menos estrutural do que aquele que nos impede de prever um acontecimento aleatório. Ele por sinal é muito mais, visto que, tanto no caso do impacto das nossas atividades sobre os ecossistemas como no do desenvolvimento dos sistemas técnicos, o recurso às probabilidades e ao cálculo estatístico perde todo fundamento objetivo em função da ausência de qualquer referência a frequências observáveis. As probabilidades não poderiam dar aqui, de uma incerteza objetiva, senão uma representação subjetiva, logo arbitrária. A teoria da precaução põe em cena uma disjunção entre, de um lado, a contingência probabilizável e, do outro, a incerteza epistêmica. O que não diz respeito a uma, pertence à outra, e assim reciprocamente. Mas encontramos aqui esse monstro que é uma incerteza que não é nem epistêmica (ela não está na cabeça no sujeito conhecente) nem probabilizável (apesar de objetiva, ela não é reduzível à estatística).

Não sabemos por que não *podemos* saber, levando-se em conta a nossa implicação nos sistemas, naturais e técnicos, que transformamos e que nos transformam – uma situa-

---

do modelo à realidade implica que ele próprio seja complexo. Emprego a palavra "complexo" no sentido que ela tem na ciência. A complexidade do modelo implica o não domínio (impossibilidade de integrar as equações diferenciais que ele comporta, sensibilidade às condições iniciais, etc.). Em consequência, a maneira mais simples de prever o comportamento do modelo é observar o sistema físico que caberia a ele representar! John van Neumann foi o primeiro grande cientista a captar essa inversão paradoxal da hierarquia entre o objeto e o modelo. Isso evidentemente dever ser relacionado com o tema da autonomização da técnica, a que já dedicamos algumas reflexões mais acima. Poderá ser consultado o meu *The Mechanization of the Mind*, op. cit.

ção que o teorema de von Foerster representa e de que ele tira as consequências. Esse incerto não epistêmico e não probabilizável é bem difícil de *gerir*. Os administradores do risco não previram ferramenta alguma para esse tipo de figura, que eles estariam, aliás, em apuros para *cobrir* ou *segurar*. Como ferramenta de pensamento, o princípio de precaução, em particular, parece não ser de grande valia. Como foi sugerido anteriormente, basta aplicá-lo a ele próprio para vê-lo se autoinvalidar. Não vou passar muito tempo nesse jogo que foi praticado, sobretudo, pelos precavidos sensatos, os que se opõem à concepção catastrofista do dito princípio, mas que pode muito bem igualmente invalidar versões mais moderadas. Aplicar o princípio a ele próprio é primeiro perguntar-se se as condições da sua aplicação estão satisfeitas. Isso leva a um lindo paradoxo, já que, se estiverem – isto é, em especial, se houver incerteza quanto à própria existência de um dano grave e irreversível –, então se pode não saber que elas o estão. Vão me dizer que se está em dúvida, bem se sabe que se está em dúvida. Decerto, mas, então, é porque a dúvida é epistêmica. Ora, determinei que a incerteza nos casos de que estamos tratando está na relação estrutural que nos liga ao objeto. Se se está no incerto, então se pode muito bem não saber que se está no incerto. Não são raros os casos em que a comunidade científica está errada de ter certeza da inexistência de um perigo quando este é objetivamente incerto. Os cientistas, então, acreditando-se erradamente em um universo incerto, não sabem que é erradamente que eles acreditam em um universo incerto.[7]

---

[7] Seriam encontrados belos exemplos dessa configuração no caso da destruição do ozônio estratosférico e no da doença da vaca louca. Sobre o primeiro ponto, ver a análise sutil de Gérard Mégie, já citada, "Incertitude

Em casos assim, em que a incerteza é tal que ela implica que a própria incerteza é incerta, é impossível saber se as condições de aplicação do princípio de precaução estão ou não satisfeitas. Admitindo-se que o princípio de precaução implica a inversão do ônus da prova, essa indecidibilidade é muito embaraçante para ele. O inovador a quem se impõe que dê a prova, para além de toda dúvida razoável, da inocuidade do seu produto em nome do princípio de precaução, sempre poderá alegar que se deveria primeiro demonstrar que o princípio se aplica efetivamente no caso de exceção – o que é precisamente impossível.

Aplicar o princípio de precaução a ele mesmo é também se ater ao pior cenário que poderia resultar da sua aplicação. A precaução, sobretudo concebida em sua versão "catastrofista", é ela própria, de fato, uma atividade arriscada. Ela pode se opor à introdução de produtos novos que, muito embora talvez perigosos, seriam menos do que os produtos cujo lugar estão assumindo. Se a precaução tenciona chegar ao "risco zero", ela não o alcançará, mas esgotará durante a tentativa de recursos raros que poderiam encontrar uma utilização melhor; ou então ela proibirá o uso de uma vacina em nome dos seus riscos potenciais, sendo que ela poderia ter salvado um grande número de vidas, etc. Consideremos as piores dessas eventualidades: é provável que se conclua que a

---

Scientifique et Décision Politique: Le Cas 'Historique' de l'Ozone Stratosphérique". Sobre o segundo, as não menos empolgantes exposições de Marie-Angèle Hermitte e Dominique Dormont, "Propositions pour le Principe de Précaution à la Lumière de l'Affaire de la Vache Folle". In: Philippe Kourilsky e Geneviève Viney, *Le Principe de Précaution*, op. cit., p. 341-86.

precaução implique não recorrer ao princípio de precaução. Voltando a Jonas, o filósofo alemão Dieter Birnbacher tira a conclusão certa desse tipo de raciocínio:

> Ali onde se cruza a fronteira da incerteza, não há mais nenhum sentido em colocar na balança, uns defronte dos outros, os eventuais inconvenientes desconhecidos e as eventuais vantagens desconhecidas. Chega-se ao ponto (...) em que a heurística do medo – que é má conselheira nas situações de risco em sentido restrito – entra em vigor.[8]

Não vou continuar insistindo em um enterro formal, segundo as normas e usos vigentes, do princípio de precaução por alguns dos seus fomentadores.[9] Uma coisa é certa ao término deste debate: não resta grande coisa da distinção entre precaução e prevenção. O que subsiste é apenas a minha pergunta inicial, mais lancinante do que nunca, à qual eu tenho que voltar na falta de uma resposta que eu quisera ter encontrado na abundante literatura dedicada ao princípio de precaução.[10] Que

---

[8] Dieter Birnbacher, *La Responsabilité envers les Générations Futures*. Paris, PUF, 1994, p. 143. Corrigi a tradução francesa que está lamentável.
[9] Há exemplos brilhantes disso em Stephen R. Dovers; John W. Handmer, "Ignorance, Sustainability, and the Precautionary Principle: Towards an Analytical Framework". In: Ronnie Harding e Elizabeth Fisher (orgs.), *Perspectives on the Precautionary Principle*, op. cit.; Daniel Bodansky, "The Precautionary Principle in US Environmental Law". In: Timothy O'Riordan e James Cameron (orgs.), *Interpreting the Precautionary Principle*, op. cit.
[10] Especialmente em inglês, francês e alemão. Esmagado pela torrente de palavras enunciadas e de textos publicados em nossa língua sobre o assunto, convencido de que a América não se preocupava muito com a questão, de

poderosa motivação pôde fazer com que se dissesse, um dia, que não se poderia pensar a nossa situação diante das novas ameaças sem livrar-se do peso das ferramentas costumeiras?

Foi para mim preciso tempo, ler e reler os milhares de páginas existentes sobre o assunto, para repentinamente ver aquilo que não estava nem um pouco escondido, mas bem aí, visível a olho nu, como a carta roubada do conto de Poe, exposta em evidência sobre o manto da lareira. A incerteza não tem nada a ver com a história toda. A falta de conhecimento não é o que está em questão aqui.

É normal que não se compreenda isso de imediato. A reflexão sobre a precaução se declina em infinitas variações em torno do tema único e constantemente repetido, martelado, da incerteza. Entretanto, algumas notas destoantes, que se tomam de início por meras inconsequências, constituem indícios seguros. Discutindo com Corinne Lepage sobre a diferença entre prevenção e precaução, François Guery formula esta frase que não pode deixar de ser surpreendente: "A precaução é à base não de pura ignorância, mas de suspeita bastante verificável, de quase certeza".[11] Até então se acreditava ter entendido que a precaução era uma atitude diante do incerto, não adiante

---

início eu partia para a minha investigação, tomado pelo preconceito de que eu não encontraria nada de interessante na língua de Emerson e de Thoreau. O seminário que dirigi na Universidade Stanford na primavera de 2001 me convenceu rapidamente do contrário. Graças em particular aos australianos (e também aos ingleses), o que se escreve em inglês acerca do *Precautionary Principle* impressiona pelo seu rigor e pela sua profundidade. As poucas referências que aqui faço são testemunhos disso.

[11] Corinne Lepage e François Guery, *La Politique de Précaution*, op. cit., p. 51.

da certeza! Mas o oficialíssimo relatório Kourilsky-Viney, ele próprio, acredita ter por obrigação desmentir essa interpretação quando escreve:

> Frequentemente se pensa que os riscos potenciais são pouco prováveis e se assimila estes inconscientemente a riscos comprovados, cuja probabilidade é tanto mais reduzida quanto mais eles estiverem bem controlados. Isso é (...) inexato (...). Os riscos potenciais, a despeito do seu caráter hipotético, podem ter uma probabilidade de realização elevada.[12]

A jurista Marie-Angèle Hermitte não deixa por menos quando comenta o conceito de "possibilidade teórica" ao qual caberia descrever a situação de cientistas que não podem descartar a hipótese de um perigo ou de um risco com base nos índices e dados fragmentários de que dispõem. O problema é de fato crucial para os juristas já que se trata de saber se é possível considerar uma operação do pensamento, no caso a formação de uma hipótese, um reflexo ou uma projeção de uma propriedade do mundo real. Nas palavras de Hermitte:

> Isso significa que um determinado número de elementos, reduzidos a modelos e saberes preexistentes, tornam a coisa possível, embora não se disponha a

---

[12] Philippe Kourilsky e Geneviève Viney, *Le Principe de Précaution*, op. cit., p. 18.

respeito de nenhuma prova experimental documentada. Mas isso não diz nada sobre o caráter provável ou improvável do acontecimento. Ora, isso é frequentemente expresso pelos políticos, e às vezes pelos cientistas que se tornaram peritos, em termos de probabilidade reduzida. A passagem de um conceito ao outro não é admissível.[13]

Uma temível incerteza afeta, portanto, as ameaças que preocupam a nossa mente: será que elas são muito pouco prováveis ou quase certas? Parece-nos que são uma coisa e outra: muito pouco prováveis, sem dúvida porque não imaginamos que uma catástrofe possa ser ao mesmo tempo de uma amplidão considerável e altamente provável, a inverossimilhança sendo uma compensação para a enormidade do que está em jogo; mas, simultaneamente, quase certas, em consequência do seu caráter de fatalidade. Obviamente não é possível que o mesmo acontecimento seja ao mesmo tempo muito pouco provável e quase certo. Mas uma confusão infiltra-se aqui no tocante às modalidades. Não é do "quase certo" ou do "muito provável" que se quer falar a respeito das novas ameaças, e sim do seu caráter ineluctável. Daí a referência sistemática ao destino e à fatalidade. A catástrofe está inscrita no futuro, mas com uma probabilidade reduzida. Mostrarei que essa configuração inédita, longe de constituir uma visão pessimista da nossa situação, representa

---

[13] Marie-Angèle Hermitte e Dominique Dormont, "Propositions pour le Principe de Précaution à la Lumière de l'Affaire de la Vache Folle", op. cit., p. 349.

talvez a nossa única possibilidade de salvação. Pelo fato de nos fixarmos nesse evento inelutável, que, talvez, não se realizará, encontraremos, talvez, os meios de fazer com que de fato o inelutável não ocorra.

Mas eu ainda nada disse sobre a natureza do obstáculo maior que aqui se ergue. Vamos admitir que estejamos certos, ou quase, de que a catástrofe está diante de nós, como o ato falho dos teóricos da precaução o faz pensar. O problema é que não acreditamos nisso. Não acreditamos no que sabemos. O desafio lançado à prudência não é a falta de conhecimento da inscrição da catástrofe no futuro, mas o fato de que essa inscrição não é crível.

Desde o *Teeteto* e o *Menão* de Platão, a filosofia define o conhecimento como uma crença verdadeira justificada. Saber é crer algo de verdadeiro, e crer por boas razões. Se se sabe *p*, então, necessariamente se crê que *p* é verdadeiro. Essa análise do conhecimento foi, no século XX, severamente posta em questão pela filosofia analítica que expôs toda uma série de contraexemplos. Não é o lugar apropriado aqui para entrar nesse debate. A temporalidade das catástrofes, em todo caso, refuta a implicação de que saber é crer. Toda uma série de argumentos vai contra a análise clássica do conhecimento. Consideramos a catástrofe impossível ao mesmo tempo em que os dados de que dispomos fazem-nos considerá-la verossímil e até certa ou quase certa.

Façamos uma pergunta simples, só para saber qual era a prática dos responsáveis e dos governos antes de surgir a ideia de precaução. Eles instauravam políticas de *prevenção*, essa prevenção com relação à qual precaução visa inovar? De maneira alguma, eles simplesmente ficavam à espera que a catástrofe chegasse antes de agirem – como se sua vinda à existência constituísse a única base fatual, legitimando que pudessem se permitir prevê-la; tarde demais, é evidente.[14] Quando o princípio de precaução enuncia que a incerteza científica não deve retardar a implementação de uma política de prevenção, ele se engana totalmente sobre a natureza do obstáculo. Não é a incerteza, científica ou não, que é o obstáculo, é a impossibilidade de crer que o pior vai acontecer.[15]

A situação presente nos mostra que o anúncio das catástrofes não produz mudança sensível alguma, nem nas nossas formas de agir, nem nas nossas formas de pensar. Mesmo quando estão informadas, as populações não creem no que sabem. Do horror por vir, Corinne Lepage escreve: "É uma coisa que o espírito põe de lado, pois se diz a si mesmo que não é possível".[16] Sobre o aquecimento climático, acrescenta, "muito embora há vinte anos *conheçamos perfeitamente* o risco com que estamos confrontados, a verdade consiste em dizer que não fizemos estritamente nada".[17] No mês de março de 2001, o presidente Bush violou cinicamente a promessa que fizera ao

---

[14] Esse ponto é bem documentado por Daniel Bodansky, "The Precautionary Principle in US Environmental Law", loc. cit.
[15] Talvez seja útil lembrar aqui esse ponto de lógica que mostra que, da proposição "João sabe que o pior vai acontecer", infere-se que o pior vai acontecer; mas tal inferência não pode ser feita da proposição "João acredita que o pior vai acontecer". Não se pode saber uma coisa falsa, esta é uma proposição analítica; mas é possível acreditar falsamente que tal coisa é verdadeira; esta é uma proposição sintética.
[16] Corinne Lepage e François Guery, *La Politique de Précaution*, op. cit., p. 16.
[17] Ibidem, p. 70.

seu povo durante a campanha eleitoral e anunciou que desistia de reduzir as emissões americanas de gases de efeito estufa. Os comentadores políticos apontaram que o presidente cedera à pressão dos deputados americanos que fizeram um *lobby* a favor das indústrias petrolíferas e do carvão. A mesma observação valeria também para outros setores, por exemplo, o da insegurança alimentar. O medo da catástrofe por vir não apenas não tem o menor efeito dissuasivo; não somente a lógica econômica continua a avançar como um rolo compressor; mas *nenhuma* aprendizagem tem lugar.

A catástrofe não é crível, tal é o maior obstáculo. O medo da catástrofe não tem a menor força dissuasiva. A heurística do medo não é uma solução já pronta, ela é o problema. Eu não gostaria de dar a impressão que esse problema diz respeito acima de tudo à psicologia. Claro, elementos cognitivos e afetivos entram em jogo e podem ser analisados com maior ou menor sutileza. Com base em múltiplos exemplos, David Fleming constrói um "princípio inverso de avaliação dos riscos": a propensão de uma comunidade em reconhecer a existência de um risco seria determinada pela ideia que ela tem da existência de soluções.[18] A filosofia do espírito e a psicologia cognitiva nos fornecem ferramentas de análise que possibilitam explicar em parte, senão justificar, o que se apresenta como uma perfeita irracionalidade. Procedemos a revisões constantes das nossas crenças acerca do

---

[18] David Fleming, "The Economics of Taking Care: An Evaluation of the Precautionary Principle", loc. cit. Ver também Timothy O'Riordan e James Cameron, "The History and Contemporary Significance of the Precautionary Principle", loc. cit.

mundo em função das novas informações sobre ele que chegam até nós. Entretanto essa reorganização não se dá de maneira passiva, pois o sujeito conhecente procura permanentemente manter uma coerência de conjunto entre as suas diversas crenças. Se ele tivesse de transformar em crença cada informação recebida, ele correria o risco de ter de questionar crenças antigas que, por terem chegado a constituir a sua visão do mundo e a sua identidade, estão enraizadas no seu espírito, inexpugnáveis. Tudo nos leva a pensar que não podemos estender indefinidamente, nem no tempo, nem no espaço, o modo de desenvolvimento que é o nosso atualmente. Mas recolocar em questão o que aprendemos a assimilar ao progresso teria repercussões tão fenomenais que não cremos no que, todavia, sabemos que é o caso. Não há incerteza aqui, ou pouquíssima certeza. Ela não passa, quando muito, de um álibi. A incerteza não é o obstáculo, não, decididamente, ela não é o obstáculo.

Como a tragédia do 11 de Setembro de 2001 mostrou de modo impactante, não é só o saber que é impotente em fundamentar a credibilidade,[19] mas também a capacidade de representar para si o mal, bem como a mobilização de

---

[19] Os especialistas nos garantem isso (por exemplo, na França, o almirante Lacoste): os responsáveis americanos dispunham de muitas informações após o atentado de 1993 que atingiu o World Trade Center de Nova York. Mas a amplitude do que havia a ser feito os paralisou. Da mesma maneira, ao se superpor o mapa da França das instalações industriais de risco e o da densidade populacional, se tem um sobressalto de pavor. Mas não dá para enxergar o que se poderia fazer. A catástrofe não é assim tida como pertencente à ordem do possível. O mesmo se dá no que se refere à possibilidade considerada inexistente de uma catástrofe econômica maior, na escala de um país ou na escala do planeta. Os exemplos poderiam ser multiplicados.

todos os afetos apropriados.[20] Contudo, repito, para além da psicologia, o problema requer o comprometimento de toda uma metafísica da temporalidade, do modo como Bergson o compreendeu magnificamente a respeito da criação. O nosso tempo impõe que se transponha para o caso da destruição a lição que ele nos deu. Com os homens, a evolução criadora se duplicou, sendo sua outra metade a parte maldita, a *evolução destruidora*.

Como conclusão, abordaremos de frente o problema metafísico. Até agora não fizemos mais do que roçá-lo. Mas, primeiramente, cumpre fazer um desvio pela filosofia moral, a que já recorremos em uma medida razoável.

---

[20] O crítico de cinema Samuel Blumenfeld escrevia no *Le Monde* de 9 de outubro de 2001, sob o título "Hollywood Digère l'Attaque du 11 Septembre": "Esse ataque terrorista se abasteceu na nossa memória, em parte alimentada pelo cinema de destruição americano, brutalmente coroado profeta de uma tragédia que ele *colocara em cena inúmeras vezes, sem jamais ousar crer que ela fosse possível*" (grifo meu).

parte 3
o incômodo da
filosofia moral,
a indispensável
metafísica

A profecia do desastre existe para evitar
que ele aconteça; e zombar depois dos que
eventualmente dispararam o alarme, lembrando-
lhes que o pior não aconteceu, seria o cúmulo
da injustiça: é bem possível que a gafe cometida
seja o seu maior mérito.

Hans Jonas
O Princípio da Responsabilidade

A palavra de Iahweh foi dirigida a Jonas, filho
de Amati: "Levanta-te, vai a Nínive, a grande
cidade, e anuncia contra ela que a sua maldade
chegou até mim". E Jonas levantou-se para fugir
para Társis, para longe da face de Iahweh.

Livro de Jonas

O futuro é inevitável, mas ele pode não ter lugar.
Deus vela nos intervalos.

Jorge Luis Borges

capítulo 9
a memória do porvir

> Os filósofos têm toda a razão de dizer que não se pode compreender a vida a não ser voltando-se para o passado. Mas eles esquecem essa outra proposição que não é menos verdadeira: que a vida não pode ser vivida a não ser projetando-se para o porvir. E se virarmos e desvirarmos essa proposição para todos os lados, nos convencemos de que jamais se pode verdadeiramente compreender a vida estando imerso no tempo, pura e simplesmente porque não existe momento particular algum em que eu possa me deter e olhar minha vida como ela o requer a fim de que eu possa compreendê-la – retrospectivamente.
> Kierkegaard, *Diário, 1843.*

Le Principe Responsabilité de Hans Jonas amplia tanto o campo e o alcance da nossa responsabilidade, pelo que se disse, que ele acaba a dissolvendo e nos deixando estancados em uma contemplação desesperada da catástrofe por vir. É o que diz Catherine Larrère: "A responsabilidade hiperbólica que daí emana retira da ética de Jonas toda capacidade de informar a respeito das ações precisas a empreender, constituindo-se até mesmo, se olharmos mais de perto, em um convite à não ação".[1] É verdade que se

---

[1] Catherine Larrère, verbete "Précaution" do *Dictionnaire d'Éthique et de Philosophie Morale*, op. cit.

encontra em Jonas advertências intimidantes do tipo: "O setor crescente do agir coletivo (...) pela enormidade de suas forças impõe à ética uma nova dimensão de responsabilidade jamais imaginada anteriormente".[2] Entretanto, vejo a repreensão contra uma suposta incitação à não ação como absolutamente sem fundamento e contrária às próprias explicações do autor, porém nesse estágio da discussão eu gostaria de examinar como fica essa questão da responsabilidade, em nossa situação, do ponto de vista das doutrinas morais tradicionais. Veremos que estas estão sujeitas à mesma crítica, se é que seja de fato uma.

Nos anos 1970, a filosofia moral de língua inglesa[3] sofreu um abalo que a transformou muito. A dominação que o consequencialismo exerce sobre seus praticantes havia quase dois séculos foi subitamente desafiada com uma força inédita pela outra grande tradição moral, a Deontologia. Evidentemente, o que provocou essa comoção foi a publicação da obra de John Rawls, *Uma Teoria da Justiça*. Parecia então, até pouco tempo atrás, que a relação de forças havia mudado, de tão forte que foi a influência do rawlsiamismo, e que o consequencialismo, particularmente na sua variante utilitarista, tinha sido relegado, pelo menos por algum tempo, à categoria das velharias filosóficas. É muito interessante para nosso assunto notar

---

[2] Hans Jonas, *Le Principe Responsabilité*, op. cit., p. 31.
[3] O fato de a vida intelectual francesa, inclusive nos seus departamentos de filosofia, ter mantido a filosofia moral em estado letárgico por quase meio século não deixou de trazer algumas consequências, visto que ainda temos tudo a fazer se quisermos reaprender hoje a pensar em termos normativos – e antes de tudo a ficar em sintonia, embora mantendo alguma distância crítica, com a filosofia moral de língua inglesa, a qual, por sua vez, nunca parou de se desenvolver e de se requintar.

que uma reflexão sobre as ameaças que pesam sobre o futuro da humanidade prestou o favor, se é que se pode dizer isso, ao consequencialismo, fazendo-o reerguer a cabeça, mostrando que continuava vivo.

Recentemente um dos mestres do consequencialismo americano, Samuel Scheffler, publicou um texto importante, "Individual Responsibility in a Global Age".[4] Nesse texto, ele defende a tese de que *se é possível* conceber a nossa responsabilidade na situação nova que é a nossa e que ele caracteriza como uma situação de globalização das ameaças, esse conceito não pode ser fornecido senão pelo consquencialismo. A moral do senso comum é inteiramente imprópria para isso.

Resumo a argumentação de Scheffler. A moral do senso comum – e isso pode explicar o fato de que os elementos não consequencialistas tenham nela um lugar importante – está baseada em uma fenomenologia da ação que corresponde ao que foi a experiência comum da humanidade ao longo da sua história, e isso até um passado recente. A experiência comum fazia que se tivesse como evidente que: 1) os atos são mais importantes do que as omissões; 2) os efeitos próximos são muito mais visíveis, e, portanto contam mais, do que os efeitos longínquos; 3) os efeitos individuais têm mais importância do que os efeitos de grupo ou efeitos de composição.

Fundamentalmente não consequencialistas, os traços da moral do senso comum que refletem diretamente

---

[4] *Social Philosophy & Policy*, 12, 1, inverno de 1995.

essa fenomenologia da ação corrente são: 1) os deveres negativos ("não matarás") têm prioridade absoluta com relação aos deveres positivos ("prestarás apoio ao teu próximo"). Há mais responsabilidade quanto ao que se faz que ao quanto se deixa de fazer. Não se causa mal a um inocente mesmo que seja a condição *sine qua non* para aliviar o sofrimento de outros dez. 2) Tem-se obrigações particulares, especiais, para com os seus próximos que não se tem para com o restante da humanidade.

Essa concepção restritiva da responsabilidade normativa tornou-se totalmente inadaptada à nossa situação atual. Os deveres positivos se tornaram tão importantes quanto os deveres negativos. A distinção entre matar por um ato individual intencional e matar porque só se está preocupado com o seu bem-estar egoísta de cidadão de um país rico, ao passo que os outros morrem de fome, é para o consequencialista cada vez menos cabível. Nós temos de nos preocupar com *todas* as consequências de nossas ações e não apenas com as mais próximas nem com as mais visíveis. Hans Jonas, que não é consequencialista, abraça essa posição e opõe essa nova situação ao mundo tradicional no qual "ninguém era tido como responsável pelos efeitos posteriores não esperados do seu ato bem-intencionado, bem pensado e bem executado. O curto alcance do poder humano não exigia a influência de longo alcance do saber preditivo".[5] Muitas das ameaças que pairam sobre o nosso futuro são o resultado da sinergização de uma multiplicidade de ações individuais minúsculas, cada uma das quais, quando

---

[5] Hans Jonas, *Le Principe Responsabilité*, op. cit., p. 30.

tomada isoladamente, tem consequências indesvendáveis (basta nos lembrarmos do aquecimento climático). A distinção entre omissão e ação perde o sentido: "Abstenham-se de usar seu carro para locomover-se na cidade!" diz a linguagem corrente. Se obedecermos, seria uma "abstenção"? Seria muito claramente uma ação no sentido forte que o termo possui por via da sua etimologia: começo não causado, colocação em movimento de algo radicalmente novo na rede das relações humanas, etc. Jonas faz eco dessa expansão desmedida do alcance da ação, e, portanto do campo da ética, ao escrever:

> Hoje, a potência humana e *o seu excedente* com relação a todo pré-conhecimento certo das consequências chegaram a dimensões tais que o mero exercício cotidiano do nosso poder, que constitui a rotina da civilização moderna – e de que nós todos vivemos –, se torna um problema ético.[6]

O que constituía a fraqueza do consequencialismo em comparação com a moral do senso comum é que ele não dá a menor importância, nem sequer o menor sentido, às distinções que são tão cruciais para ela. O que constituía a sua fraqueza tornou-se, pois, sua força e até mesmo seu caráter de único recurso, pelo menos se dermos ouvidos a Scheffler.

Mas essa vitória é uma vitória de Pirro. As razões que explicam a necessidade do recurso ao consequencialismo

---

[6] Idem, *Pour une Éthique du Futur*, op. cit., p. 83-84 (grifo do autor).

são exatamente as mesmas que explicam a sua impotência. A complexidade de cadeia causal que liga ações e consequências não é controlável nem no plano conceitual (os modelos de fenômenos complexos devem eles próprios ser complexos, com todos os traços aferentes: sensibilidade às condições iniciais, imprevisibilidade, etc.), nem, menos ainda, na prática. Ela torna vã qualquer esperança de proceder a um cálculo das consequências. Isso, que tornava autocontraditória a implementação do princípio de precaução, é igualmente fatal para o consequencialismo. Jonas tem plena consciência disso quando escreve:

> A extensão da potência é igualmente a extensão dos seus efeitos no *futuro*. Decorre daí o seguinte: nós não podemos *exercer* a responsabilidade acrescida que nós *temos* em cada caso, querendo ou não, a não ser com a condição de também acrescer proporcionalmente a nossa previsão das consequências. Idealmente, o comprimento da previsão deveria equivaler ao comprimento da cadeia das consequências. Mas tal conhecimento do futuro é impossível (...).[7]

A conclusão de Scheffler tem um lado desesperado. A concepção normativa da responsabilidade fundada na moral do senso comum é completamente inadaptada à nossa situação atual e, se houver uma direção a seguir para transformá-la de ponta a ponta, só poderá ser

---

[7] Ibidem, p. 82 (grifos do autor).

adotando uma postura consequencialista. Infelizmente, tampouco há salvação indo-se por esse lado. Conclusão: é a própria noção de responsabilidade que se encontra sem fundamento algum, ao menos no plano da ética.

A desventura do consequencialismo – apresentar-se como a única apelação possível para depois admitir a sua impotência – não é própria dessa doutrina moral. Essa exacerbação do kantismo que foi o existencialismo sartriano conheceu o mesmo destino. Vamos nos recordar: estamos saindo da guerra, portanto *após* a catástrofe, e não diante. Trata-se de reconstruir alguma coisa que se pareça com uma sociedade humana. Sartre cita Ponge: "O homem é o futuro do homem". Ele comenta:

> Está perfeitamente correto. Só que, se se entende por isso que o futuro está inscrito no céu, que Deus o vê, então está errado, pois nem sequer seria um futuro. Se se entender que, qualquer que seja o homem que aparecer, há um futuro a fazer, um futuro virgem que o aguarda, então esse dito está certo. Mas, então, se está abandonado.

Todos hão de se lembrar da incrível exigência de Sartre diante desse espaço da liberdade: "Sou obrigado a cada instante fazer atos exemplares. Tudo se dá *como se*, para todo homem, toda a humanidade estivesse com os olhos fitos no que ele faz e se moldasse pelo que ele faz". E ele especifica:

> O homem é angústia. Isso significa que o homem que se compromete e que se

dá conta de que ele é não só aquele que escolhe ser, mas também um legislador escolhendo, ao mesmo tempo que ele, a humanidade inteira, não poderia escapar do sentimento da *sua total e profunda responsabilidade*.

Se ainda tivermos dúvidas a respeito da inspiração kantiana dessas colocações, elas se dissiparão com o que se segue:

> Decerto muitas pessoas acreditam que ao agir só comprometem a si próprias e quando é dito a elas: mas e se todo mundo fizesse a mesma coisa? Elas levantam os ombros e respondem: nem todo mundo faz a mesma coisa. Mas na verdade deveria sempre ser perguntado: o que aconteceria se todo mundo fizesse igual? E só se escapa desse pensamento inquietante por uma espécie de má-fé.[8]

Eis aonde vai dar, de maneira completamente coerente, o mandamento kantiano: "examina a capacidade de universalização da tua máxima", quando se leva a sua lógica até o fim. "Tudo se dá como se, para todo homem, toda a humanidade estivesse com os olhos fitos no que ele faz e se moldasse pelo que ele faz", é uma caracterização da

---

[8] Jean-Paul Sartre, *L'Existentialisme est un Humanisme* (1946). Paris, Nagel, 1970, p. 31; 28-29 (grifos meus).

psicose nascente.[9] Os vínculos entre a doutrina kantiana e a loucura já foram objeto de comentários eruditos.

Nem consequencialismo, nem deontologia. O que nos resta exatamente? Talvez fosse recomendável levar a sério a heurística do medo que nos propõe Jonas, bem como a ética do porvir, ou do futuro (*Zukunft*), que a acompanha.

A ética de Jonas não é consequencialista. Nós o compreenderemos melhor pelo que virá na sequência. Nesta altura, digamos que a razão profunda pela qual ela não é tem a ver com a direção do tempo. O consequencialismo procede do presente rumo ao futuro, como a etimologia de "consequência" demonstra claramente: o que acompanha vindo depois. A ética do futuro não é a que prevalecerá, ou deveria prevalecer no porvir. É a ética que se constrói quando se olha o presente, o nosso presente, do ponto de vista do futuro. Essa inversão é o que faz, no plano metafísico, a perfeita especificidade, a originalidade profunda e a beleza da ética proposta por Jonas. Este escreve, a respeito da heurística do medo:

> O que pode servir de bússola? A antecipação da ameaça em si! É só nos primeiros clarões de sua tempestade *que nos vem do futuro*, na aurora da sua amplidão planetária e na profundeza dos seus interesses humanos, que podem ser descobertos os princípios éticos, dos

---

[9] Ver Henri Grivois, *Naître à la Folie*. Paris, Les Empêcheurs de Penser en Rond, 1992.

quais se deixam deduzir as novas obrigações correspondentes ao novo poder.[10]

Será necessário reexaminarmos esse enigma de um sinal que nos viria do porvir como se encontrássemos em nós, bem no fundo da memória, algum vestígio da catástrofe futura. Mas esse prodígio não seria, em um certo sentido, aquilo que toda profecia cumpre, nem que fosse sob a forma da previsão, que se dá como científica, de um organismo oficial a respeito do estado vindouro da economia?

Que a ética de Jonas não seja kantiana é muito mais evidente já que ele próprio se explica detidamente a respeito, insistindo precisamente na questão metafísica crucial: o porvir sobre o qual dizemos que o prevemos é o porvir em si, na sua atualidade, certo por vir, portanto atualidade efetiva – ou então é um "porvir condicional", hipotético, contrafatual, o que aconteceria se... Consideramos Jonas quanto a esse ponto:

> O imperativo categórico de Kant (...) exortava cada um de nós a considerar o que aconteceria se a máxima do seu ato presente se tornasse o princípio de uma legislação universal ou se já fosse no mesmo instante: a coerência ou a incoerência de uma tal universalização *hipotética* se torna a pedra de toque da minha escolha *privada*. Mas que

---

[10] Hans Jonas, *Le Principe Responsabilité*, op. cit., p. 16 (grifo meu).

possa haver qualquer verossimilhança de que minha escolha privada se torne efetivamente uma lei geral ou de que ela possa tão somente contribuir com uma tal generalização não era uma parte integrante desse raciocínio. Com efeito, as consequências *reais* não são de modo algum levadas em conta e o princípio não é o da responsabilidade objetiva, mas o da constituição subjetiva da minha autodeterminação. O novo imperativo invoca uma outra coerência: não a do ato de acordo com ele mesmo, mas a dos seus *efeitos* últimos de acordo com a sobrevida da atividade humana no porvir. E a "universalização" que ele considera não é de modo algum hipotética – não é uma simples transferência do eu individual a um "todo" imaginário, sem conexão causal com ele ("se todo mundo fizesse igual"): pelo contrário, as ações submetidas ao novo imperativo, a saber as ações do conjunto coletivo, têm a referência universal na medida efetiva de sua eficiência: elas se "totalizam" elas próprias dentro da progressão da sua impulsão e não podem senão desembocar na configuração do estado de coisas universal. Ora, isso acrescenta ao cálculo moral o horizonte *temporal* que está totalmente ausente na operação lógica instantânea do imperativo kantiano: ao passo que este último se extrapola rumo a uma ordem sempre presente da compatibilidade abstrata, o nosso imperativo se extrapola rumo a um *porvir calculável* que forma a dimensão *inacabada* da nossa responsabilidade.[11]

O golpe de força tentado por Jonas pode se resumir assim: o excesso da nossa potência sobre a nossa capacidade de prever as consequências dos nossos atos nos dá a um só tempo a obrigação moral de prever o porvir e nos torna incapazes de fazê-lo. Para sair dessa aporia, Jonas se coloca de súbito no porvir, isto é, no término estipulado de forma provisória de uma história sempre continuada.[12] O tempo se encontra então como que imobilizado em um círculo que liga o presente ao porvir e o porvir ao presente. Na sequência, tentarei ilustrar a coerência dessa metafísica e mostrar que só ela pode contornar o obstáculo que nos impede de pensar o tempo das catástrofes – não a incerteza, mas o fato de que não acreditemos que elas vão se abater sobre nós.

---

[11] Ibidem, p. 41-42 (grifos do autor, exceto para as expressões "porvir calculável" e "inacabada", que são grifos meus).
[12] Dieter Birnbacher retoma a mesma ideia, escrevendo: "O horizonte da responsabilidade para com o futuro se perde somente no ponto em que as linhas causais se estiram do presente rumo ao porvir, se for consideradas na perspectiva do presente, se dissolvem ou se misturam de modo tão indissociável que não é mais racional supor uma relação causal entre a atividade do tempo presente e os estados do mundo futuro. (...) Mas para poder determinar até onde se estendem efetivamente os efeitos causais da ação atual, é preciso primeiro encontrar-se na perspectiva do porvir – e essa perspectiva não pode ser adotada de maneira definitiva" (*La Responsabilité Envers les Générations Futures*, op. cit., p. 142-43).

capítulo 10
prever o porvir para mudá-lo (Jonas "versus" Jonas)

> *O que deixou Bergson comovido, o que nunca deixou de comovê-lo, é o fato bem simples de haver algo novo a cada instante da sua vida, é esse fato muito geral de haver algo novo a cada instante em cada lugar onde houver uma vida. Esse novo, vamos entendê-lo bem, é um radicalmente novo, que é o significado da palavra: imprevisível. Não se trata, pois, do pseudonovo que era virtual antes de ser atual, que estava aí, escondido, antes de aparecer, que seria imprevisível unicamente porque o nosso entendimento não teria forças para vê-lo. A emoção de Bergson não está vinculada a um defeito qualquer do nosso espírito mas à plenitude da existência: é o ser reencontrado com o tempo.*
> Henri Gouhier, *Introdução às Obras de Bergson*

Estabelecemos que a precaução, na pior das hipóteses, se autorrefuta e, na melhor das hipóteses, se confunde com a prevenção. Quanto à prevenção, o seu fracasso em prever, portanto em impedir a catástrofe, tem suas raízes na metafísica que desenvolvemos espontaneamente diante do evento novo que introduz uma ruptura na temporalidade, em particular aquele cuja antecipação, se conseguíssemos levá-la a sério, nos gelaria de pavor. Bergson compreendeu admiravelmente, e primeiro sentiu no âmago da sua experiência pessoal, que o traço principal dessa metafísica imediata é que o possível não preexiste à irrupção do acontecimento no tempo. A catástrofe, por não entrar no campo do possível antes de se realizar, não pode ser antecipada. Não se consegue se *projetar* nela. Essa metafísica proíbe a prevenção. O traço característico da prevenção é, de fato, que o acontecimento que ela previne, porque ela o previne, é expedido para um mundo possível não atualizado. Na metafísica que suspende a prevenção, os possíveis preexistem à realização de um dentre eles e, quanto àqueles que não são atualizados, eles subsistem para sempre nos limbos onde flutuam todas essas coisas que teriam podido ser e que não foram. Toda ameaça que consegue dissuadir um adversário deixa atrás de si a possibilidade não atualizada da sua execução. Se ela tivesse seguido os conselhos instantes de von Neumann e de Bertrand Russell, a América teria petrificado a União Soviética sob um tapete de bombas de hidrogênio. Ela não fez, e a representação de que ela tivesse podido fazer talvez tenha contribuído para a paz do mundo. Na metafísica da prevenção, esse possível que teria sido o inverno nuclear de qualquer forma permanece para sempre um possível, não no sentido em que ele poderia ainda hoje ser atualizado, mas no sentido em que será para sempre verdadeiro que ele poderia ter-se realizado.

A teoria da decisão e a problemática da escolha racional se sentem à vontade nessa metafísica tradicional, à qual se pode associar o nome de Leibniz. O que este último diz de Deus, os teóricos da decisão o dizem do homem. Contemplando de dentro do seu entendimento o conjunto dos possíveis, o decisor divino ou humano escolhe e realiza aquele que torna máxima uma determinada grandeza. Os possíveis aí estão antes da escolha, e a ela sobrevivem. Mas a metafísica bergsoniana, rompendo com esse traço, faz da prevenção uma tarefa aparentemente impossível.

Só se crê na eventualidade da catástrofe uma vez que ela tenha sobrevindo, aí está o dado básico. Só se reage à sua atualidade – portanto tarde demais. Há, entretanto, na metafísica tradicional um conceito que poderia talvez nos ajudar a sair desse impasse. Estando a catástrofe à nossa frente, o seu hábitat doravante é o que chamamos de porvir. Se pudéssemos dar ao porvir uma realidade, uma atualidade, equivalentes às que outorgamos ao presente, pronto! Tudo ficaria resolvido como em um passe de mágica – talvez.[1] Ora, é bem isso que tenta fazer o princípio metafísico de realidade do porvir. Pode-se expressá-lo muito simplesmente já que ele consiste em conferir o valor de verdade, verdadeiro ou falso, a proposições relativas a um acontecimento futuro antes que o tempo venha a decidir.[2] Cada vez que empregamos o futuro do indicativo para afirmar alguma

---

[1] Na sua notável análise, que já citei várias vezes ("The Economics of Taking Care: An Evaluation of the Precautionary Principle"), David Fleming deplora o que ele chama de perda do "sentido do futuro". A despeito das previsões, observa ele com sutileza, o futuro é visto, ao mesmíssimo tempo, como incognoscível e como um simples joguete de determinismos contra os quais nada podemos fazer. Uma tal sociedade, acrescenta, "não precisa do passado". E conclui nestes termos: "O sentido do próprio tempo – o sentido de que o futuro tem uma realidade e que ele tem exigências a nosso respeito – parece correr perigo de morte". Mas, como diria Bill Joy, "o futuro não precisa de nós".

[2] Alguns filósofos, e não dos menores (ver Aristóteles), nunca aceitaram o princípio de realidade do porvir.

coisa – por exemplo, "as torres do World Trade Center serão reconstruídas antes do fim do século" –, pressupomos o princípio de realidade do porvir. Por convenção linguística, a proposição que exprimimos por essa frase é de fato verdadeira ou falsa no momento em que a fazemos se, e somente se, *for* verdadeiro que, antes do fim do século, as torres do World Trade Center estejam reconstruídas. Cada vez que fazemos uma previsão, damos então uma realidade ao porvir.[3] Seria um erro grosseiro concluir que com isso resvalamos necessariamente no fatalismo. Dizer que o porvir já é de alguma maneira o que ele será, absolutamente não exclui que ele poderia ser diferente daquilo que ele será.

É evidente que não conseguiremos nos livrar do problema com tamanha facilidade. Suponhamos, de fato, que obtenhamos sucesso, por conseguinte que a prevenção impeça a catástrofe. Na metafísica tradicional, esta, remetida para um mundo possível não atualizado, perderia com isso o seu lugar no porvir atual, o único porvir que teríamos. Ela perderia a sua realidade, portanto, o seu poder de nos fazer reagir. Na metafísica bergsoniana, seria pior ainda, já que, não chegando nunca, por hipótese, a se atualizar, a catástrofe não entraria jamais no campo do possível.

Vou mostrar que para derrubar, ou, em todo caso, contornar o obstáculo, é preciso inserir a catástrofe no porvir de uma maneira muito mais radical. É necessário torná-la

---

[3] Um caso importante é aquele em que a proposição se foca na ação futura de um agente dotado de livre-arbítrio (um "futuro contingente" na terminologia escolástica).

inelutável. Assim poderá rigorosamente dizer então que agimos para preveni-la *na recordação que temos dela*. Esses sinais provenientes do porvir de que fala Jonas e que as leis da física proíbem é a argumentação metafísica que lhes conferirá existência e sentido.

Estamos obviamente em pleno paradoxo. Farão a mim a seguinte objeção: o senhor está enrijecendo o estatuto metafísico da catástrofe por vir – não somente ela se realizará, mas, uma vez realizada, ficará patente que ela não podia não se realizar. O senhor quer dizer que é por essa via que se poderia não só crer na realidade da catástrofe, mas atingir finalmente o sobressalto necessário para preveni-la? Mas se for prevenida, como se poderia dizer que ela era inelutável? A contradição parece estar descambando aqui para o absurdo. O raciocínio de Bergson que eu lembrei no capítulo introdutório nos fornece, entretanto, um método. A metafísica que tentarei elaborar não é a de Bergson – no caso da evolução destruidora, ela é de certa forma o seu antídoto –, mas compartilha com ela a propriedade de que as proposições centradas em modalidades (o possível, o necessário, etc.) ficam aí indexadas em função do tempo. Vale lembrar: em Bergson, a propósito desse surgimento da novidade radical que é uma obra de arte, pode-se dizer que antes do acontecimento ela não era possível, mas que com o acontecimento torna-se verdadeiro que ela terá sempre sido possível. "Sua possibilidade, que não precede sua realidade, a terá precedido uma vez aparecida a realidade". Será necessário que aprendamos a pensar que, ocorrida a catástrofe, era impossível que ela não ocorresse, mas que antes que ela ocorresse ela podia não ocorrer. É nesse intervalo que se infiltra a nossa liberdade.

É para o lado da atividade de predição que vamos tentar encontrar uma saída. A ciência prediz, é uma das suas funções essenciais. Os astrônomos preveem o próximo eclipse da Lua, os meteorologistas, o tempo que fará amanhã, os economistas, as evoluções dos índices bursáteis, e os geólogos, os próximos terremotos. Nenhuma lei física é violada nesse caso, nenhum sinal remonta o tempo do futuro para o presente. Toda predição se faz com base em um modelo que, no mundo das idealidades, simula pela dedução matemática o encadeamento das causas e dos efeitos do mundo real. Ora, a dedução formal se realiza fora do tempo dos fenômenos: fazendo do porvir o contemporâneo do presente, ela condena de certa forma o tempo à morte. O cientista domina o escoamento do tempo como o poeta. O que o segundo consegue pelo trabalho da escritura, o primeiro o obtém substituindo o real pela sua imagem, esse modelo que a um só tempo imita e pretende ser imitado. A ruptura introduzida pelo aparecimento da modelização complexa abalou esse ideal, já insisti enfaticamente nisso, visto que as propriedades do modelo complexo não se deixam *deduzir* do conhecimento do modelo em si. É a *simulação*, desta feita no sentido que a palavra adquiriu na informática, do comportamento do modelo em um computador que leva a descobrir as suas propriedades, ao se reencontrar alguma coisa do tempo gerador de novidade radical.

Nenhum paradoxo vem macular em si a atividade de predição. No entanto, os homens não predizem só para conhecer o futuro, mas também para agir sobre o mundo. São à imagem de Deus, ao menos esse Deus que os teólogos e os filósofos constroem, ao mesmo tempo presciente – Ele conhece a todo momento o valor da verdade de todas as proposições relativas aos acontecimentos situados nos tempos vindouros – e providencial. Ele intervém nos assuntos humanos. No tocante aos homens, é na esperança de preveni-las que é tão importante para eles antecipar as catástrofes. É aqui que o paradoxo se instaura.

A existência de predições falsas não é em si um problema. Todos os dias fazemos previsões que não se realizam, e isso em todos os níveis da vida individual e coletiva. Enquanto eu prevejo que o meu avião vai decolar na hora programada por ignorar a greve que acaba de ser decidida, o governo prevê para o ano seguinte uma taxa de crescimento que, talvez, só se realizará pela metade. Os casos que quero examinar são bem diversos. Por um lado, trata-se do caso de uma previsão que só é falsa porque está feita, e, por outro, o de *uma previsão feita para que ela não se realize*. Duas configurações muito diferentes devem ser distinguidas, opondo dois profetas profissionais a quem o destino, ironicamente, deu o mesmo nome: Hans Jonas, filósofo alemão do século XX, e Jonas filho de Amati, o profeta bíblico do século VIII a.C. mencionado no segundo livro dos Reis (14-25).

> A palavra de Iahweh foi dirigida a Jonas, filho de Amati: "Levanta-te, vai a Nínive, a grande cidade, e anuncia contra ela que a sua maldade chegou até mim". E Jonas levantou-se para fugir para Társis, para longe da face de Iahweh.[4]

---

[4] O autor do livro de Jonas vivia presumivelmente no século V ou até mais tarde, portanto, no período pós-exílico. A atribuição das aventuras de Jonas ao "Jonas filho de Amati" que vivia no tempo de Jeroboão II,

Deus pede a Jonas para profetizar a queda de Nínive que pecou ante a presença do Senhor Eterno. Em vez de fazer o seu trabalho de profeta, Jonas foge. Por quê? Não nos é dito nada a esse respeito. Todo mundo conhece a continuação da história, o embarque no navio que ruma para Társis (estreito de Gibraltar), a grande tempestade punitiva, o sorteio que revela a culpabilidade de Jonas, este sendo lançado ao mar pelos marinheiros a fim de acalmar a cólera de Iahweh, o grande peixe misericordioso que o engole e, finalmente, depois de transcorridos três dias e três noites, o vomita em terra seca. Mas todos estão lembrados do fim da história? É só aí que se entende por que Jonas desobedeceu a Deus. É que Jonas previra, como profeta eficiente, o que se passaria se ele fizesse a sua profecia! O que teria ocorrido, é o que ocorre agora, quando Iahweh pela segunda vez lhe ordena que profetize a queda de Nínive e que, dessa vez, tendo entendido o que lhe custaria se desobedecesse, ele se submete. Os ninivitas se arrependem, se convertem, e Deus os perdoa. A sua cidade será poupada. Mas, para Jonas, é um fracasso pungente, que o deixa "irado", nos diz o texto.

Jonas faz parte dos "pequenos" profetas, o livro de Jonas não tem, sem dúvida, fundamento histórico algum, mas é de importância singular tanto para os judeus quanto para os cristãos. O judaísmo ortodoxo jamais atribuiu aos profetas o papel central que lhes conferiu o cristianismo. Os comentários exegéticos conhecidos pelo nome de *midrashim* tratam do profetismo apenas

rei de Israel (783-743), e que é mencionado em 2 Reis 14-25, não tem fundamento histórico.

de forma secundária. A única exceção é o livro de Jonas que a liturgia utiliza regularmente, em especial no dia do Yom Kipur, a festa da expiação, em que ele ocupa o primeiro lugar. Quanto ao Cristo, ao ser intimado a manifestar a sua identidade verdadeira por um sinal, ele exclama: "Procura um sinal, mas nenhum sinal lhe será dado, exceto o sinal de Jonas" (Lucas 11,29-32). A figura de Jonas é única. Convém que se entenda o porquê.

Partamos do despeito manifestado por Jonas. Apesar de não ser especialista nessas questões, terei a ousadia de complementar aqui o comentário tradicional por algo que não passa de uma conjectura que me foi sugerida por todo o meu trabalho sobre o catastrofismo. O conflito entre Iahweh e Jonas resulta, pelo que nos é dito, do fato de que Jonas não tem o menor desejo de que os ninivitas sejam salvos. Nínive é a capital dos assírios e o permanecerá até 612 a.C. Os assírios representam para Israel o inimigo mais feroz e mais bárbaro. Jonas sabe que a cólera de Iahweh, de cuja palavra ele é incumbido de ser o portador, vai produzir o arrependimento e o perdão daqueles. Jonas ama o seu povo e não quer que ele seja destruído pelos bárbaros. Iahweh também ama o seu povo, mas ama igualmente Nínive, e Jonas sabe disso. Ele sabe, se bem que Iahweh só o informe disso no fim, quando Este o fará sentir vergonha de ter dó de uma planta e de se espantar que Ele, Iahweh, experimente compaixão por humanos. Dilacerado entre a sua lealdade pelo seu povo e a obediência que ele deve a Deus, Jonas escolhe a fuga.[5]

---

[5] Ver, por exemplo, John Sawyer, *Prophecy and the Prophets of the Old Testament*, Oxford, Oxford University Press, 1987; James D. Newsome, Jr., *The Hebrew Prophets*, Atlanta, John Knox Press, 1984.

O dilema de Jonas é, pois, moral. Sustento que ele é igualmente metafísico. Apesar das interpretações em contrário, me parece que o que constitui a essência do profetismo bíblico é o anúncio do porvir.[6] Claro, os profetas não eram os únicos a alegar poder ver o futuro. Estavam cercados de toda uma tropa de bruxos, adivinhos, astrólogos, necromantes, mágicos, encantadores e demais espíritas cujos talentos, apesar de proibidos,[7] não eram fáceis de diferenciar daqueles dos verdadeiros profetas. É precisamente para distinguir os profetas dos charlatães que se insiste no fato de que o profeta é também, ou antes de tudo, aquele que *proclama* e *interpreta* a palavra de Deus.[8] No entanto o Deuteronômio nos indica, com certeza, que o único e verdadeiro critério de reconhecimento do profeta genuíno era que a sua palavra se cumpria, que a sua profecia se comprovava:

> Talvez perguntes em teu coração: "Como vamos saber se tal palavra não é uma

---

[6] Esse ponto fica especialmente bem demonstrado por: John Sawyer, *Prophecy and the Prophets of the Old Testament*, op. cit.; H. W. Wolff, "Prophecy from the Eighth through the Fifth Century", in: J. L. Mays e P. J. Achtemeier (orgs.), *Interpreting the Prophets*, Filadélfia, Fortress Press, 1987, que mostra que a condenação dos pecadores nunca vem sem o anúncio do porvir e que, se um único dos seus dois elementos está presente no discurso profético, então é o anúncio do porvir; e, sobretudo, na mesma coletânea, Gene M. Tucker, "Prophetic Speech", que mostra que o castigo geralmente não é apresentado pelo profeta. Nenhum elemento condicional intervém na maioria das vezes. Não é: "Povo de Israel, eis o que aconteceria *se* tu continuasses a viver no pecado", e sim: "Tu vives no pecado. *Logo*, eis o que vai acontecer" ou então: "Eis o que vai acontecer *porque* tu vives no pecado". O livro de Amós é típico quanto a esse aspecto.
[7] Deuteronômio 18,9-22.
[8] A palavra que a Bíblia emprega é a de *nabi*. Significativamente, as primeiras traduções gregas escolheram traduzir *nabi* não pelo termo *mantis*, mas por *prophetes*, que quer dizer o intérprete.

palavra de Iahweh?" Se o profeta fala em nome de Iahweh, mas a palavra não se cumpre, não se realiza, trata-se então de uma palavra que Iahweh não disse. Tal profeta falou com presunção. Não o temas! (Deuteronômio 18, 21-22).

É a não realização da profecia que prova que ela não é de origem divina. Esse critério não é muito cômodo já que não há outro meio de verificar se a profecia era uma verdadeira profecia a não ser aguardar para ver se ela se realiza. O porvir é então o único juiz. Estamos, pois, de volta à aporia do catastrofismo. O profeta da infelicidade só será levado a sério e ficará diferenciado dos charlatães quando a catástrofe tiver ocorrido. Mas será tarde demais.

Essa é a base a partir da qual se deve compreender o dilema metafísico de Jonas filho de Amati e o outro componente da sua "ira". Ele sabe que a sua profecia, ao agir sobre o mundo, pelo fato em si de agir sobre o mundo, se torna falsa. Como não se encoleriza contra Iahweh que lhe armou uma cilada nesse labirinto a que se dá o nome de tempo? Se fizer o seu trabalho de profeta, é certo que se transformará em um desses que "consulta a um espírito adivinhador" ou que "consulta os mortos", que são para Deus uma "abominação" (Deuteronômio 18,10-12). Jonas, para sair do impasse, poderia, de preferência a fugir, ter raciocinado desta forma: o conteúdo da minha profecia, é o que aconteceria efetivamente *se* eu não profetizasse. Suponhamos que Jonas não deseja a queda de Nínive. Ele descobre em si um poder extraordinário para fazer com que ela não aconteça: é profetizando que ela vai acontecer. Isso se chama *prevenção*. Uma palavra anunciadora de catástrofe consegue prevenir a ocorrência da catástrofe em questão. Deus, justamente, nós o sabemos, não deseja a queda de Nínive. Será que ele próprio pode assim se sair ileso dessa? Certamente que não, pois ele não pode confundir, sob pena de impostura lógica, o porvir tal qual ele vai acontecer, o nosso porvir, o porvir do nosso mundo, e um porvir condicional, que, portanto, não é de modo algum um porvir, mas simplesmente uma hipótese a respeito do que se daria se Jonas, que profetiza a catástrofe, não a tivesse profetizado.

De um salto só, transpomos 28 séculos e consideremos a maneira pela qual o filósofo Hans Jonas no fim do segundo milênio defende a sua missão de profeta da infelicidade. Examinemos com cuidado a citação que coloquei na abertura desta última parte:

> A profecia do desastre é feita para evitar que ela aconteça; e zombar posteriormente dos que eventualmente dispararam o alarme lembrando-lhes que o pior não aconteceu seria o cúmulo da injustiça: é bem possível que a gafe cometida seja o seu maior mérito.[9]

A diferença salta aos olhos: Hans Jonas se felicita por aquilo mesmo que o seu antigo homônimo considerava um impasse. Hans Jonas é como o Deus do livro de

---

[9] Hans Jonas, *Le Principe Responsabilité*, op. cit., p. 233.

Jonas. Ele profetiza – faz profetizar, no caso de Iahweh – o porvir expressamente a fim de que ele não ocorra. E o porvir, aqui, significa efetivamente o porvir, o porvir na sua atualidade: o que vai realmente acontecer. A longa citação que fiz mais acima, na qual Jonas se aparta do imperativo categórico kantiano, mostra isso sem rodeios. Hans Jonas não se interessa por porvires hipotéticos, os quais, mais uma vez, não são porvires de modo algum.

O problema é que "prever o porvir para mudá-lo" é, para a nossa metafísica tradicional, uma impossibilidade lógica. Devo admitir que isso não impede as pessoas de dormir nem de cuidar dos seus afazeres. Com a proximidade do ano 2000, uma revista de divulgação científica perguntou a uns 20 especialistas em predição, da vidente de bairro ao fabricante de modelos macroeconômicos, por que era tão importante prever o futuro. A maioria respondeu: "para poder mudá-lo".

A metafísica é uma disciplina racional. Há verdades na metafísica. Ou, mais exatamente, tendo em vista uma metafísica coerente, as proposições que se exprimem no seu âmbito possuem o valor de verdade. Elas são verdadeiras ou falsas. Se considerarmos a metafísica que eu chamei de "tradicional" e à qual vinculei o nome de Leibniz, lá é verdadeiro que o porvir não é menos inalterável do que o passado. O filósofo americano David K. Lewis, que foi sem dúvida o maior lógico da metafísica do século XX e de certa forma o herdeiro de Leibniz, expressou essa verdade nos seguintes termos, em que o modo e o tempo dos verbos têm uma importância crucial:

> Quando nós dizemos correntemente que "nós mudamos o futuro", qual a capacidade que nós nos atribuímos exatamente? A de fazer com que o futuro seja o que ele será realmente, em vez do que ele teria sido se tivéssemos agido diferentemente do que fazemos no presente. Pode-se dizer de certo modo que nós mudamos as coisas (*We make a difference*). Mas não é uma mudança no sentido estrito, pois a diferença que nós introduzimos no mundo se situa entre o possível que se atualiza e os possíveis que ficam não atualizados, e não entre atualidades sucessivas. A verdade estrita consiste simplesmente em dizer que o futuro depende *contrafatualmente* do presente. Ele depende, em parte, do que fazemos agora.[10]

O conceito de "dependência contrafatual" pede uma explicação, pois passará a desempenhar um papel preponderante no que virá adiante. Uma proposição condicional do tipo "se, então" pode ser indicativa ("Se chove amanhã, não vou trabalhar") ou contrafatual ("Se eu fosse mais jovem, correria a Maratona de Nova York"). O termo "contrafatual" se refere à presença de um antecedente ("Se eu fosse mais jovem") que é contrário aos fatos (lastimavelmente eu não sou mais jovem do

---

[10] David K. Lewis, "Counterfactual Dependence and Time's Arrow". In: D. K. Lewis, *Philosophical Papers*. Oxford, Oxford University Press, 1986, vol. II.

que sou). O comportamento desses dois tipos de condicionais nos nossos raciocínios varia radicalmente. Para tomar um exemplo clássico, a proposição "Se Shakespeare não escreveu *Troilo e Créssida*, outra pessoa o fez" é sem dúvida verdadeira já que a peça existe e tem necessariamente um autor. Em contrapartida, é altamente problemático atribuir o valor de verdade "verdadeiro" à proposição contrafatual "Se Shakespeare não tivesse escrito *Troilo e Créssida*, outra pessoa o teria feito". Pode-se pensar que só o gênio do Bardo podia produzir essa obra-prima.

Dizer que o porvir depende contrafatualmente do presente é simplesmente considerar verdadeiras toda uma série de proposições do tipo: "Se eu tivesse feito isso, ao passo que fiz outra coisa, o futuro seria (talvez) diferente". Estaríamos então em outro mundo, possível como o nosso, mas não atualizado. É isso que nos dá a impressão que podemos mudar o porvir. Mas, no nosso mundo, o porvir é simplesmente o que é, ou melhor, ele é o que será. Não há nada que eu possa fazer entre o agora e o momento do porvir que eu considero tal como *se eu o faço, esse porvir será diferente* (proposição condicional indicativa).

A tarefa que Hans Jonas se impõe parece então ser uma impossibilidade lógica e metafísica. A menos, é claro, que fique mostrado que existe outra metafísica do tempo e da ação livre, tão coerente quanto a que nos parece tão natural que nem sequer a colocamos mais em questão. O maior poeta metafísico dos tempos modernos, Jorge Luis Borges, nos aponta um caminho pela citação que também inseri na abertura desta última parte: "O futuro é inevitável, mas ele pode não ter lugar".[11] Se é a solução, ela tem a forma de um novo paradoxo. Resta muito trabalho pela frente para esclarecê-lo. Borges acrescenta: "Deus vela nos intervalos". Teremos de substituir Deus pelo homem: a responsabilidade de velar cabe tão-somente a nós. A minha tese, evidentemente, é que se a metafísica de Jonas, o profeta bíblico, nos possibilita pensar a prevenção, é a metafísica de Hans Jonas, o filósofo alemão, que nos possibilita escapar dela. Com a condição de dar à prevenção uma consistência que ela ainda não encontrou na obra do seu inventor, essa metafísica nos permitirá talvez pensar a coerência e a racionalidade do catastrofismo.

---

[11] Jorge Luis Borges, "La Création et P. H. Gosse". In: *Enquêtes*. Paris, Gallimard, 1957, p. 44. Borges comenta aqui o capítulo da *Lógica* de John Stuart Mill, que trata da lei da causalidade.

capítulo 11
o tempo do projeto e o tempo da história

> *O que é uma inteligência infinita? Perguntará talvez o leitor. Não há teólogo que dela não dê uma definição; eu prefiro dar um exemplo. Os passos que um homem dá, do dia de seu nascimento àquele de sua morte, desenham no tempo uma figura inconcebível. A Inteligência divina vê essa figura imediatamente, como nós vemos um triângulo. Essa figura tem (talvez) sua função bem determinada na economia do universo.*
> Jorge Luis Borges, "O Espelho dos Enigmas". *Obras Completas*

> *Are these the shadows of the things that Will be or are they shadows of the things that May be, only?*
> Charles Dickens, *Christmas Carol*

Prever o porvir não é obviamente sucumbir ao fatalismo, já insisti a respeito. Mas tomar o porvir previsto como guia da sua ação presente é uma outra coisa muito diferente. Ora, essa configuração é a mais antiga e a mais comum que existe. O herói trágico se atém ao oráculo, e os esforços vãos que ele despende para escapar do seu veredito não fazem senão apressar o cumprimento deste.

Na outra extremidade da aventura humana, os agentes "econômicos" de hoje tomam como pontos de referência as previsões do instituto de estatística e, por exemplo, as suas reações produzem, por um efeito de composição, algo totalmente diverso do que o que estava previsto.

Eu gostaria de enfocar a situação de um preditor que, sabendo que a sua predição vai produzir efeitos no mundo, deve levá-lo em conta se ele quer que o porvir confirme o que ele previu. É um dos três casos possíveis da previsão do futuro nos assuntos humanos. O primeiro caso é aquele em que se trata de prever o estado de um sistema indiferente às representações que temos dele, uma colheita de trigo em um país longínquo, ou o estado do tráfego de automóveis em uma cidade estrangeira. A previsão aparenta-se então à de um sistema físico e a modelização é a ferramenta mais indicada. O segundo caso na verdade não é nem um pouco uma predição, mas um ato de fala, que toma, às vezes, a forma da promessa ou da ameaça e se exprime por proposições condicionais do tipo: eis o que aconteceria se você decidisse tal coisa ou então se eu fizesse tal outra. A profecia de Jonas, filho de Amati, pertence a essa configuração, já que ele não pode fazer nada melhor do que profetizar o que teria acontecido se ele não tivesse profetizado. O terceiro caso é o que estou tratando aqui.

O que seria de uma eleição hoje em dia sem as sondagens que a precedem e que anunciam os seus resultados às vezes com tamanha precisão que os eleitores se perguntam, não sem revolta, para que serve o fato de irem votar? Nos anos 1950, o prêmio Nobel de economia Herbert Simon, um dos fundadores da inteligência artificial, defendeu a tese de que não há diferença de princípio entre as ciências do homem e as ciências da natureza quanto à possibilidade de fazer previsões exatas. O argumento a que ele se opunha não é o de que a observacão e o prognóstico seriam mais difíceis no primeiro caso. É o de que eles perturbariam irremediavelmente o sistema observado. A previsão de um fato social, uma vez conhecida e divulgada publicamente, não pode senão modificar o fato em questão. Ao darem a conhecer à opinião pública o estado da opinião pública, as sondagens modificam-na. Na sondagem seguinte, alguns sondados, seguindo o sentido da história ou da massa, acatariam a mesma opção que o vencedor da sondagem anterior; outros, como Montesquieu já o analisava, tentariam restabelecer o equilíbrio inclinando-se pelo perdedor. É para evitar efeitos assim que a publicidade das sondagens foi durante muito tempo proibida nos dias que antecedem a eleição.

Ora, Herbert Simon pretendia contestar o argumento em questão.[1] Ele provava que o processo descrito comporta sempre um "ponto fixo", isto é, que existe um estado da opinião que permanece estável quando se informa a opinião sobre o seu estado. O problema é que Simon fazia mais: mostrava que há em geral vários pontos fixos. De tal modo que, se o instituto de sondagem pretendia jogar com a adivinhação posicionando-se em um ponto fixo, de maneira a que sua previsão coincidisse com o estado de uma opinião informada sobre o seu próprio estado, ele

---

[1] Herbert A. Simon, "Bandwagon and Underdog Effects in Election Predictions", *Public Opinion Quarterly*, 18 (3), 1954. Essa publicação provocou uma polêmica um tanto ridícula, pois era centrada em um ponto periférico, com o matemático norueguês Karl Egil Aubert em *Social Science Information*.

desfrutaria de um poder de manipulação exorbitante, escolhendo um de preferência ao outro. Mas pensemos melhor: esse poder não é menor quando o instituto prefere informar a opinião sobre o seu estado bruto, como parece razoável. Supondo-se que o instituto conheça a função de reação da opinião ao tomar ciência do seu próprio estado, ao optar por não levá-lo em consideração, ele faz evoluir a opinião, sob a aparência da objetividade, em um sentido determinado. A publicidade das sondagens, acuando-as a enganar seja a exatidão, seja a neutralidade, bem poderia deixar indecidível a questão da vontade do povo. E com isso a máxima paradoxal de Rousseau adquire todo o seu sentido:

> Se, quando o povo suficientemente informado delibera, os cidadãos não tivessem nenhuma comunicação entre eles, da grande quantidade de pequenas diferenças resultaria sempre a vontade geral e a deliberação seria sempre algo bom.[2]

O cúmulo da contradição: hoje nos parece impossível pensar a informação sem a comunicação.

Pelo que afirma um grande número de politicólogos, a democracia teria se tornado uma ciência graças à prática das sondagens. Alguns deles sonham até com uma democracia informativa em tempo real, em que sondados

---

[2] Jean-Jacques Rousseau, *Do Contrato Social*, livro II, cap. 3, "Se pode errar a vontade geral".

perpétuos dariam a conhecer a todo instante, através da sua opinião, o estado da vontade geral. Mas a indecidibilidade produzida pelo círculo recursivo das sondagens sobre si mesmas e, finalmente, sobre o voto, coloca seriamente em questão esse otimismo cientificista.

Vamos voltar brevemente aos profetas da Bíblia. São homens extraordinários, com frequência excêntricos, que não passam despercebidos. As suas profecias têm um efeito sobre o mundo e sobre o curso dos acontecimentos por essas razões puramente humanas e sociais, mas também porque os que os ouvem creem que a palavra do profeta é a palavra de Iahweh e que esta, que não pode ser ouvida diretamente, tem o poder de fazer acontecer aquilo mesmo que ela anuncia.[3] Nós diríamos hoje que a palavra do profeta tem um poder *performativo*: ao dizer as coisas, ela as traz à existência. Ora, o profeta sabe disso. É possível que se fique tentado a concluir que o profeta tem o poder de um revolucionário: ele fala para que as coisas mudem no sentido que ele quer lhes impingir. Seria esquecer o aspecto fatalista da profecia: ela diz o que são os acontecimentos por vir tais como estão escritos no grande rolo de pergaminho da história, imutáveis, inelutáveis. É o que expressa Jeremias: "Pode o etíope mudar a sua pele? O leopardo as suas pintas? Podeis vós, também, fazer o bem, vós que estais acostumados ao mal?" (13,23).

---

[3] Ver Isaías 55,10-11: "Como a chuva e a neve descem do céu e para lá não voltam, sem terem regado a terra, tornando-a fecunda e fazendo-a germinar, dando semente ao semeador e pão ao que come, tal ocorre com a palavra que sai da minha boca: ela não volta a mim sem efeito; sem ter cumprido o que eu quis, realizado o objetivo de sua missão".

A profecia revolucionária conservou essa mistura altamente paradoxal de fatalismo e de voluntarismo que caracteriza a profecia bíblica. O marxismo constitui a sua ilustração mais contundente. A seu respeito Hans Jonas escreve isto, que prova que o seu ponto de partida metafísico é de fato o mesmo que o nosso:

> Aqui nós temos um prognóstico histórico-mundial com uma base racional – e ao mesmo tempo, pela extraordinária equação do que deve necessariamente ser com o que deveria ser, a atribuição de uma meta para a *vontade* política, dela própria se fazendo assim um fator na verificação da teoria, depois que a sua verdade reconhecida previamente a tenha ela mesma motivado. Para o agir político assim determinado que faz acontecer o que deve acontecer, isso tem por resultado uma mistura extraordinariamente estranha da responsabilidade mais colossal pelo futuro, combinada com uma ausência determinista de responsabilidade.[4]

O profeta bíblico sabia muito bem, em geral, encontrar a solução dessa equação, a exemplo de Herbert Simon no caso da equação eleitoral. Ele procurava o *ponto fixo* do problema, esse ponto em que o voluntarismo cumpre aquilo mesmo que a fatalidade decreta. A profecia bíblica se inclui em seu próprio discurso, ela se vê realizar o que ela anuncia como destino. A sua autorreferencialidade é

---

[4] Hans Jonas, *Le Principe Responsabilité*, op. cit., p. 221.

consciente. Quando o profeta anuncia a catástrofe, ele não apresenta o castigo como uma ameaça, mas como o cumprimento escatológico de uma história que contém, como um dos seus determinantes, a própria profecia – e, por exemplo, o fato de que ela não produziu nenhum arrependimento, nenhuma mudança de conduta nos que a ouviram. O caso da profecia de Amós, esse contemporâneo de Jonas, é particularmente notável. Quase todas as palavras que ela comporta são condenações, anúncios de ruína e de calamidade. E apesar de tudo aparecem pouco a pouco, para culminar em um *happy ending* que transforma a profecia de infelicidade em profecia de esperança, aberturas para um destino mais clemente, como se a profecia levasse em conta a sua própria ação salvadora. O caso de Jonas, filho de Amati, é o mais difícil. É o que o destina à nossa atenção. Nos termos da lógica metafísica que já comecei a empregar, coube-lhe resolver um problema que não tem ponto fixo. Qualquer que seja o conteúdo da sua profecia, ela não se cumprirá. Se ele profetizar o arrependimento e a conversão dos ninivitas, isso obviamente não acontecerá. Se profetizar a sua ruína, ele sabe que isso tampouco se realizará. De qualquer forma, não é ele quem decide esse conteúdo, ele não passa de um porta-voz. Mas Aquele que está por trás do profeta Ele próprio não escapa, aparentemente, desse duplo vínculo.

Hans Jonas, profeta do século XX, encontra-se na mesma situação. Ele quer profetizar uma catástrofe que ele espera que não acontecerá, *a fim de que* ela não aconteça. Ele não pode ser bem-sucedido no plano da ética senão fracassando no plano da metafísica. O seu problema, que é o nosso, não tem ponto fixo. Vou, entretanto, mostrar que se pode lhe dar um.

Sendo o dilema de Jonas, de muito longe mesmo, o mais inextricável, gostaria de retomar o caso geral, o dos profetas que conseguem fazer com que se encontrem, em um ponto do porvir, que eles tomam pelo término da história, o encadeamento causal dos fenômenos, de que o impacto da profecia participa, e o desenrolar de um destino implacável. O leitor se lembrará que já encontramos pelo caminho uma configuração semelhante, com referência ao teorema de Von Foerster, mas tratava-se de matemática; com relação à autonomia da técnica, mas tratava-se de economia. Temos que reexaminar a questão desde o início, providos do instrumental de pensamento que nos é oferecido pela metafísica, disciplina racional.

A teoria sociológica primeiro, a teoria econômica em seguida, as duas nos familiarizaram com a noção de profecia autorrealizadora (*self-fulfilling prophecy*): uma representação relacionada com o porvir que se reveste de toda a parafernália da verdade, não por ser verdadeira no ponto de partida, mas por desencadear naqueles que a partilham reações que, compostas, a tornam senão verdadeira, pelo menos apresentando uma relação de adequação com a realidade futura. Uma antecipação da taxa de aumento dos preços, que se autorrealiza porque cada um faz cálculos econômicos baseados nela, entra nesse enquadramento. Poder-se-ia ficar tentado a dizer que o paradoxo que eu estou tentando delimitar não passa de uma das formas que assume o esquema da profecia autorrealizadora. Mas seria deixar escapar um elemento crucial de reflexividade. É que o profeta, cuja situação estou procurando descrever, sabe tudo que acabamos de dizer quando ele ajusta o conteúdo da sua profecia. Ele antecipa o porvir *sabendo* que este se realiza segundo o esquema da profecia autorrealizadora. A lógica desta última se deixa facilmente descrever no âmbito da metafísica tradicional.⁵ O grau de reflexividade suplementar introduzido pela lucidez do profeta sobre o estatuto do porvir que ele anuncia nos faz cair em uma metafísica totalmente diferente, que, como vou mostrá-lo, é a que procuramos.

Pode-se acreditar, ao mesmo tempo, que o porvir que se prevê é, por um lado, o resultado de uma fatalidade e, por outro, aquele que se age causalmente sobre ele, pelo próprio fato de prevê-lo e de tornar pública essa previsão?⁶ Na verdade, não há nenhum obstáculo do tipo metafísico a que essas duas crenças coexistam em um mesmo sujeito. Nos termos que introduzimos graças a

---

⁵ É infelizmente no âmbito dessa metafísica tradicional que Hans Jonas continua afinal a procurar a solução para o seu dilema. Ele não viu claramente que este requeria algo totalmente diverso. É esse o seu ponto cego. Mas o mérito de ter nitidamente colocado os termos da aporia cabe única e inteiramente a ele. Ver *Le Principe Responsabilité*, op. cit., p. 223: "Pois aqui, onde os homem refletem sobre os homens e onde eles o fazem publicamente, a existência da teoria como fato histórico em si modifica as condições do objeto de conhecimento. Já que ela própria adquire uma força causal a fim de permitir à sua verdade que ela se torne realidade, já que, portanto, em intenção ela contribui com a realização dos prognósticos, ela poderia fazer parte das *profecias que se cumprem por si*: o fato de ter razão não provaria a sua verdade, mas o seu poder sobre as almas, graças ao qual ela se torna causa de ações determinadas" (grifo meu).

⁶ No caso do herói trágico, é possível pensar em invocar a "má-fé", na caracterização que a filosofia analítica do espírito dá a esse estado mental sob a denominação de *self-deception*: o sujeito crê uma coisa (ele está livre para agir e para fazer ocorrerem os acontecimentos) e ele crê simultaneamente o seu contrário (ele está submetido à fatalidade). Para uma reflexão sutil a respeito dessa hipótese, fundada na análise literária de dois exemplos clássicos, o caso de *Édipo-Rei* e o de *Macbeth*, ver Robert Doran, "*Alazon*: Tragic Self-Deception in *Œdipus Rex* and *Macbeth*". Stanford University, monografia, 1999 (no prelo).

Lewis, diremos: o sujeito acredita que: 1) o porvir depende causalmente do que ele faz, ao menos em parte, e 2) o porvir é contrafatualmente independente do que ele faz.

A coexistência não contraditória dessas duas crenças, se ela é possível, introduz uma cunha entre a dependência causal e a dependência contrafatual. É verdade que ficamos tentados a considerar ambas as dependências como equivalentes, o que é o mesmo que pensar que uma acarreta a outra e vice-versa. Chamarei de "causalismo" a hipótese de que é assim mesmo. A metafísica tradicional do tempo, a que David K. Lewis descrevia acima, repousa sobre o causalismo. Achamos que as nossas ações presentes não podem ter efeito causal sobre o passado e, portanto, inferimos que o passado é contrafatualmente independente do presente. Achamos, por outro lado, que as nossas ações presentes podem ter um efeito causal sobre o porvir, e, então, inferimos que o porvir depende contrafatualmente do presente. Na sequência, substituirei na maioria das vezes as expressões "independente contrafatualmente de" e "dependente contrafatualmente de", que abarrotam demais, por, respectivamente, "fixo" e "aberto". Na metafísica tradicional consideramos o passado "fixo" e o porvir, "aberto". Cumpre ter bem presente à memória que essa "fixidez" e essa "abertura" valem com relação a um poder contrafatual, mas não necessariamente com relação a um poder causal.

Um passado fixo e um porvir aberto é a concepção que temos "espontaneamente" do tempo – porém, não em todas as circunstâncias, como o veremos. A *forma* que lhe corresponde é familiar a todos os estrategistas. É a árvore – a "árvore da decisão".

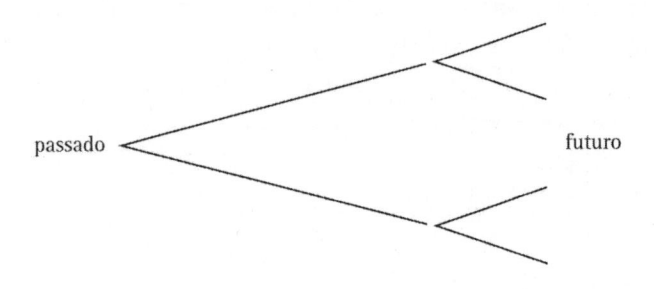

O tempo como jardim dos sendeiros que se bifurcam,
ou tempo da história

Nessa figura, os possíveis preexistem no momento em que o tempo escolhe um dentre eles e eles sobrevivem a esse momento. Porém tais momentos existem em todos os pontos da trajetória que o tempo descreve na arborescência infinita, tais como esses passos que um homem dá do dia do seu nascimento àquele da sua morte, e que desenham, nos diz Borges, uma "figura inconcebível".[7] Do gênio poético do mesmo Borges esse tempo recebeu o dom de uma denominação memorável, que Lewis retoma em algum lugar: o tempo é um "jardim dos sendeiros que se bifurcam".[8] "Essa trama de tempos que se aproximam, se bifurcam, se cruzam ou se ignoram durante séculos abraça *todas* as possibilidades", explica um dos protagonistas da história policial assim intitulada. "O tempo se bifurca perpetuamente em direção a inumeráveis futuros. Em um dentre eles, sou o seu inimigo."

---

[7] Jorge Luis Borges, "Le Miroir des Énigmes". In: *Enquêtes*, op. cit., p. 182.
[8] Idem, *El Jardín de Senderos que se Bifurcan*. Buenos Aires, 1941; retomado e traduzido por P. Verdevoye. In: *Fictions*. Paris, Gallimard, 1957.

Voltemos à situação do profeta tal como eu a descrevia. O profeta tem o futuro como fixo ao mesmo tempo em que acredita que ele o causa, ao menos em parte. Portanto o profeta viola o causalismo. Seria uma falta, do ponto de vista da metafísica?

Não necessariamente. Que possa haver dependência contrafatual mesmo na ausência de dependência causal fica atestado por numerosos exemplos que se pode construir de maneira coerente. Eis o esquema de um deles. Pode-se imaginar sem dificuldade, mesmo que a coisa não esteja comprovada, que um homem perdeu o seu voo, em Boston, na manhã de 11 de setembro de 2001. Não é inverossímil, do ponto de vista da psicologia, que ele ainda esteja tremendo por isso e vá continuar tremendo pela vida afora. Por quê? Porque ele raciocina assim: "Se eu não tivesse perdido o voo, eu teria morrido nas circunstâncias abomináveis de que o mundo inteiro foi testemunha". O que justifica que ele raciocine assim é evidentemente a hipótese causalista. Que perdesse ou não o voo, eu não podia ter efeito causal algum no desenrolar da tragédia, portanto efeito contrafatual algum, raciocinamos nós, colocando-nos no seu lugar. Portanto, se eu não tivesse perdido o meu voo, a tragédia teria se desenrolado da mesma maneira e eu estaria entre as suas vítimas. Mas essa inferência é indevida e pode-se construir cenários plausíveis onde ela ficaria invalidada.[9]

---

[9] Por exemplo: foi um acidente na estrada levando ao aeroporto que me atrasou. Ora, em um dos veículos acidentados havia um agente da CIA que, informado dos planos dos terroristas, corria para ir neutralizá-los. Se o acidente não tivesse ocorrido, eu não teria perdido o meu voo e, por outro lado, a catástrofe teria sido evitada. A inverossimilhança relativa desse

Que uma dependência causal possa, inversamente, estar associada a uma independência contrafatual é precisamente a configuração cuja coerência queremos estabelecer. A tarefa fica muito mais delicada nesse sentido.[10] Eis, contudo uma ilustracão cuja importância para o nosso assunto é manifesto, visto que ela nos possibilitará amarrar vários dos fios que deixamos em suspenso.

Os teóricos do mercado "perfeito" estipulam que os agentes econômicos, produtores e consumidores, assumem os preços como sendo dados,[11] fixos, isto é, independentes das suas ações. Essas ações são constituídas pelas ofertas e pelas demandas relativas aos bens que compõem a economia em questão. Simultaneamente, os economistas explicam a formação dos preços pela confrontação no mercado dessas mesmas ofertas e dessas mesmas demandas. Muito cedo os economistas marxistas houveram por bem denunciar uma "contradição" nesse jogo de hipóteses. Parecia-lhes perfeitamente incoerente dotar os agentes de um poder causal sobre a formação dos preços e ao mesmo tempo estabelecer que os mesmos agentes, ignorando de certa forma o seu poder, veem dados fixos

---

episódio no plano técnico não deve esconder o esquema dito de *causa comum* que ele pretende ilustrar. A ocorrência do acidente é a causa de dois acontecimentos causalmente independentes um do outro, meu atraso e a não neutralização dos terroristas. É um dos esquemas possíveis que justificam que duas variáveis causalmente independentes possam ser tidas como contrafatualmente ligadas.

[10] Ver Jean-Pierre Dupuy, "Counterfactual Consequences", comunicação no Colóquio "Rationality and Intentions" organizado pelo departamento de filosofia da Universidade de Amsterdam, 15-16 de outubro de 1999.

[11] O inglês, sempre mais conciso que o francês, diz dos agentes econômicos que eles são *price-takers*, "tomadores de preços". [Em português a expressão é de uso corrente – N. T.]

naquilo que, entretanto, resulta deles. O marxismo não podia interpretar essa contradição da economia "burguesa" senão como um reflexo da sua total alienação. Os teóricos do mercado zombavam, do seu lado, de que se pudesse ver uma contradição no que, para eles, não passa da busca de um *ponto fixo*.

Na verdade, a hipótese de que os agentes econômicos encaram os preços como fixos decerto não é uma contradição, mas tampouco tem o caráter de banalidade que os economistas fingem achar que tem. Hoje em dia geralmente considera-se que o que a teoria econômica, a teoria da escolha racional, a teoria dos jogos, etc. designam por "equilíbrio" não tem nada a ver com o que a origem desse termo em mecânica racional sugere. Todo problema de decisão com dois agentes no mínimo coloca em cena um fenômeno de *especularidade*, cada qual tendo que pensar no que o outro pensa do que ele próprio pensa, etc. Um tipo de equilíbrio corresponde a uma maneira de cortar a certa altura essa regressão potencialmente infinita. Com a hipótese da fixidez dos preços, a teoria do mercado estipula que é no nível dos preços que a regressão para. Porém essa teoria jamais realmente fundou o que permanece a sua hipótese-chave. Em geral os economistas contentam-se em dizer que os agentes são pequenos demais para poder afetar os preços de modo sensível pelas suas ações. Essa justificação, discutível em si (os consumidores, por exemplo, poderiam se coligar, formar cooperativas, sindicatos, etc.), revela, sobretudo, que os economistas adotam sem vacilar (sem sequer sabê-lo) a hipótese causalista. Para justificar a fixidez dos preços, eles se acham na obrigação de explicar que os agentes econômicos têm apenas um poder *causal* ínfimo sobre aqueles – poder que em uma primeira estimativa pode ser desprezado. Eles não conseguem enxergar a configuração de que estamos tratando. Deve-se poder estipular sem contradição ao mesmo tempo que os agentes têm um poder causal sobre os preços e que eles consideram estes *fixos*, não em sentido causal, mas no sentido técnico que demos ao termo: fixos, quer dizer contrafatualmente independentes das suas ações.

Nesse estágio, o teorema de Von Foerster vem a calhar para nos prestar o seu auxílio, pois ele funda precisamente a configuração em questão. De fato, ele nos diz que, sob determinadas condições rigorosamente especificadas por ele, a situação dos agentes em um sistema que escapa ao seu domínio dá um fundamento objetivo às proposições condicionais contrafatuais do tipo: "Se eu agisse de modo diferente, aumentando, por exemplo, a minha demanda por tal bem, o conjunto dos preços seria afetado por isso". Não há a menor incompatibilidade entre isso e o fato de que os agentes têm um poder causal sobre os preços, e o sabem.

Vai-se protestar com veemência que tais agentes são "alienados", no sentido que o marxismo conferiu ao termo. Não necessariamente os agentes podem optar por agir *como se* eles fossem alienados nesse sentido. E por que o fariam? Repito que os agentes, tendo de se coordenar, devem escolher uma maneira de pôr fim aos jogos de espelhos potencialmente infinitos nos quais os mergulharia a necessidade de saber o que os demais sabem do que eles sabem, etc. Essa parada na especularidade, é na postulação partilhada da *fixidez* de um jogo de variáveis que eles vão organizá-la. É lucidamente, em plena consciência, que eles vão *por convenção* considerar que essas variáveis são fixas (contrafatualmente independentes das suas ações), muito embora eles saibam ter um poder causal sobre elas. Não vejo como essa configuração seria portadora de uma contradição, qualquer que fosse. Ela é perfeitamente pensável. É sobre ela que se pode fundar o conceito de "convenção de coordenação" que adquiriu direito de admissão no pensamento econômico de hoje.[12]

Creio que esse exemplo basta para ilustrar que uma dependência causal pode caminhar par a par com uma independência contrafatual. Ele será agora o nosso trampolim para voltarmos à questão da temporalidade, que é muito mais complexa. Antes de colocá-lo de lado, deixo assinalado que nenhum teórico do mercado jamais notou a menor contradição entre a hipótese da fixidez dos preços e a postulação de que os agentes são dotados de livre-arbítrio. Pelo contrário, é porque os agentes podem deliberar sobre as suas escolhas, com preços mantidos fixos, que a hipótese da fixidez dos preços ganha o seu significado: que o agente faça isto ou aquilo não muda em nada os preços sobres os quais ele baseia a sua decisão.

Nos problemas de escolha que fazem intervir o tempo, a hipótese que parece evidente é a de que os agentes têm o passado como fixo.[13] Eles consideram o passado

---

[12] Um ramo importante do pensamento econômico expande hoje esse conceito para diversos campos de aplicação, da moeda às relações de trabalho. Conhecida como "economia das convenções", ela encontrou na obra do mesmo David K. Lewis (*Convention: A Philosophical Study*. Cambridge, Mass., Harvard University Press, 1969) a sua fonte de inspiração.

[13] Em inglês, eu arriscaria o *past-taker* montado nos moldes do *price-taker*.

contrafatualmente independente das suas ações. Em metafísica, essa hipótese adquire a estatuto de princípio: o princípio de fixidez do passado. O passado é fixo e o porvir, aberto. É o tempo que descrevemos antes, esse jardim dos sendeiros que se bifurcam. Destacando a metafísica da sua inspiração poética, propus chamar essa concepção da temporalidade de *tempo da história*. É a expressão que empregarei no que se segue.

No tempo da história, os agentes se coordenam por convenção a respeito do passado, mantido fixo. A bem dizer, essa convenção não aparenta ser uma, de tão "natural" que nos parece. É porque consideramos o passado fixo que componentes fundamentais do vínculo social como a promessa, o comprometimento, o contrato, etc. são possíveis. Se eu me comprometi a lhe reembolsar o empréstimo que você me concedeu, nada no futuro poderá mudar o fato de que eu assim me comprometi. O crime passado poderá talvez ser perdoado um dia, mas ninguém poderá fazer com que ele não tenha acontecido. O fato de que os regimes totalitários se esforçam sempre em "reescrever a história" não consegue senão reforçar a evidência: a história que contam é simplesmente mentirosa.

Sustento, entretanto, que a evidência de outra concepção do tempo, no qual nós nos coordenamos em torno de um porvir considerado fixo, não nos é menos familiar. A experiência desse tempo é facilitada, encorajada, organizada, ou até mesmo imposta por muitos traços das instituições da sociedade moderna. Vozes mais ou menos autoritárias provindas de todos os lados alçam-se para proclamar o que será o futuro mais ou menos próximo: o tráfego rodoviário do dia seguinte, o resultado das eleições que se aproximam, as taxas da inflação e do crescimento do ano que vem, a evolução das emissões de gases de efeito estufa, etc. Os *previsionistas* e demais prospectivistas, cujo nome não soa tão bem quanto o de profeta, sabem perfeitamente, e nós não ficamos atrás, que esse futuro que eles nos anunciam como se estivesse escrito nas estrelas somos nós que o fazemos. Nós não nos rebelamos diante do que poderia passar por um escândalo metafísico (exceto, às vezes, como eleitores). É a coerência desse modo de coordenação em relação ao porvir que eu gostaria de evidenciar.

O que aprendemos ao examinar o caso da economia de mercado pode nos servir de guia. Supor que tal agente considera o porvir fixo não implica de maneira alguma que ele não veja que o porvir depende causalmente, ao menos em parte, do que ele faz agora. Isso tampouco implica que ele não esteja livre para agir agora diferentemente do que faz. Esse ponto é delicado e merece um exame esmiuçado. O agente considera por hipótese o porvir fixo, isto é, contrafatualmente independente da sua ação. Mantendo, no seu raciocínio, o porvir constante, para decidir a sua ação presente, ele escolhe, entre várias opções, a que ele julga a melhor. Suponhamos que esta seja tal que pareça claramente ao agente que ela vai tornar impossível a realização causal do porvir que ele previu. Essa impossibilidade significa que o mundo implode no instante seguinte, condenado ao não ser? Não, é claro. O que isso mostra é que o agente não está livre para antecipar todo e qualquer porvir. No tempo da história isso é igualmente verdadeiro, nem é preciso dizer, mas o empecilho é de outra natureza. A previsão, já vimos, consiste em simular por meio de um modelo o desenrolar causal de fenômenos indiferentes ao fato de prevê-los ou não. Aproveito para relembrar a aporia ética que, segundo Hans Jonas, caracteriza a nossa situação presente: nós temos a obrigação moral de prever as consequências longínquas das nossas escolhas, mas nós não podemos prevê-las. No caso em que é o futuro, e não o passado, que é tido como fixo, o constrangimento a que fica submetida a antecipação do porvir é que a reação ao porvir antecipado retorna em círculo à antecipação em questão. O tempo da história tinha a forma de uma árvore. O tempo que descrevemos agora tem a forma de um círculo no qual o passado e o futuro se determinam reciprocamente:

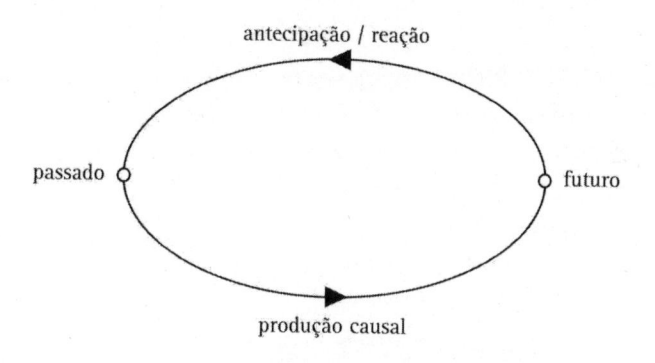

Tempo do projeto (diagrama: círculo com passado à esquerda e futuro à direita; seta superior "antecipação / reação" apontando do futuro ao passado; seta inferior "produção causal" apontando do passado ao futuro).

Dei o nome de *tempo do projeto* a essa temporalidade outra. Ela possui propriedades importantes e singulares, por vezes paradoxais, mas não mais que a metafísica bergsoniana, com a qual ela partilha certas características. A principal delas é a seguinte: já que o porvir é tido como fixo, todo evento que não faz parte nem do presente nem do futuro é um evento impossível. Vamos nos deter um pouco nessa propriedade.

Um dos momentos culminantes da história da metafísica se situa não longe das suas origens. Na época de Aristóteles aproximadamente, um filósofo grego de nome Diodoro Cronos formulou uma aporia a que a história da filosofia chamou de *argumento dominador*. São enunciados quatro princípios referentes às condições de um ato livre, cada qual se apresentando de acordo com o bom-senso, ou até como tendo uma força axiomática. O argumento axiomático conclui que eles são mutuamente incompatíveis. O problema é saber qual ou quais desses axiomas devem ser sacrificados. O terceiro deles nos diz isto: "Há um possível cuja realização nunca ocorre, nem no presente, nem no futuro" ou, mais simplesmente: "Há possíveis que nunca se realizarão".[14] Vê-se que o tempo da história satisfaz esse princípio e que o tempo do projeto o nega. No tempo do projeto, é a negação do princípio que é verdadeira, ou seja: "Todo possível se realiza, seja no presente, seja no futuro".

Esse ponto é crucial para o nosso problema. Evidencia-se que, no tempo do projeto, a prudência não pode nunca tomar a forma da prevenção. A prevenção supõe, com efeito, que o acontecimento indesejável que se previne seja um possível que não se realiza. É preciso que o

---

[14] Ver a obra importante de Jules Vuillemin, *Nécessité ou Contingence. L'Aporie de Diodore et les Systèmes Philosophiques*. Paris, Éd. de Minuit, 1984. Os outros três axiomas são: 1) o passado é irrevogável; 2) do possível ao impossível, a consequência não é válida; e 3) o que é não pode não ser enquanto é.

acontecimento seja possível a fim de que nós tenhamos uma razão para agir; mas se a nossa ação é eficiente, ele não se realiza. O possível indesejável, embora não realizado, deve conservar uma certa "realidade", a que partilham esses possíveis que não fazem parte do nosso mundo atual. É o que significa o famoso aforismo de Clausewitz em *Da Guerra*: "Em razão de suas consequências, os eventos possíveis devem ser julgados reais". Ora, nada disso é concebível no tempo do projeto. Se a prudência é concebível no tempo do projeto, já sabemos que ela não tomará a forma da prevenção.

A "memória do porvir" – do porvir tal como é, não tal como poderia ser –, essa bela fórmula, ganha significado no tempo do projeto, mas unicamente nele. No círculo que constitui a sua forma, é a flecha superior que carrega os sinais provenientes do futuro descrito por Hans Jonas. Essa flecha reflete a atividade de predizer. Mas, muito cuidado! Não é a predição no tempo da história que se molda no encadeamento causal dos fenômenos. É a predição consciente do seu efeito sobre o porvir que prediz o porvir como se ele fosse fixo e ao mesmo tempo causado, ao menos em parte, pelos efeitos da predição.

O tempo do projeto não é um fatalismo, a despeito da postulação de um porvir fixo. O que faz ele não ser um fatalismo é que ele sabe demais a respeito da capacidade dos encadeamentos causais de *imitar* o fatalismo, de produzir "efeitos de destino". Ele joga com isso. Voltemos ao sentido da liberdade no tempo do projeto. Uma vez fechado o círculo em seu ponto fixo, que é o estado do porvir, o que não pertence nem ao passado nem ao futuro é impossível. Não há nada fora do mundo atual e da linha do tempo que o constitui. Tudo nele é necessário. A liberdade não pode se situar senão na atividade mental daquele ou daqueles que procuram o ponto fixo do fechamento do círculo "antes" de tê-lo encontrado. O porvir encontra-se então "ainda" desconhecido, é um "x" no sentido do termo desconhecido matemático: apesar de desconhecido, pode-se fazer com ele todo tipo de operações, *como se* o conhecêssemos, e assim determinar o seu valor. A liberdade, aqui, é de dar a si em pensamento qualquer porvir e tirar dele as conclusões sobre o passado que o antecipa e reage ao seu dado. É nesse sentido que se pode dizer que *antes* que o porvir se determine, ele *ainda não* é necessário. Porém esse "antes" e esse "ainda não" se situam fora do tempo do projeto. No tempo do projeto, a determinação *simultânea* do passado e do futuro deixa essas expressões privadas de sentido.

O tempo do projeto é uma ficção metafísica cuja coerência procuro estabelecer e cuja racionalidade vou mostrar. Mas o tempo da história, o "nosso" tempo, não é menos fictício. Não dá para fazer nada melhor, em metafísica, do que construir essa espécie de ficções. Porém, elas são indispensáveis para nós. Em todos os casos, trata-se de nos ajudar a nos pensar livres em um mundo submetido ao determinismo causal.

Aristóteles, Leibniz e Kant construíram ficções espantosas a respeito do tempo da história. Christine Korsgaard, filósofa americana pertencente à linhagem kantiana, as caracteriza assim: "A fim de poder fazer o que quer que seja, é-nós necessário simplesmente fingir ignorar (*ignore*) o fato de que somos determinados, e decidir o que devemos fazer – exatamente como se (*als ob*) fôssemos livres".¹⁵ Segundo essas ficções, nós podemos agir na medida exata em que nos dotamos da capacidade de deslanchar, por efeito da nossa vontade, novas cadeias causais. Proceder como se fôssemos livres nos leva a raciocinar sobre condicionais contrafatuais do tipo: "Se eu agisse de modo diferente do que faço, então tal coisa resultaria disso".

A ficção que construo sob o nome de tempo do projeto¹⁶ reúne elementos esparsos provenientes de diversos filósofos, se bem que não se possa encontrá-la na sua coerência global em nenhum deles. Estou pensando em Spinoza, para quem ser livre é consentir com a necessidade; em Bergson, é claro, para quem a irrupção do radicalmente novo modifica o valor da verdade das proposições modais relativas ao passado; em Heidegger e na sua noção paradoxal de *Entschlossenheit*, de decisão resolvida, e na faculdade que a acompanha de "escolher o seu destino"; em Nietzsche e na sua noção de "memória da vontade"; em Sartre e na sua fórmula: "Ser finito, (...) é escolher-se, isto é, fazer-se anunciar o que se é, projetando-se rumo a um possível, à exclusão dos outros".¹⁷

---

¹⁵ Christine Korsgaard, *The Sources of Normativity*. Cambridge, Reino Unido, Cambridge University Press, 1996.
¹⁶ Ver, para um aprofundamento de conceitos que só posso apresentar aqui sumariamente: Jean-Pierre Dupuy, "Philosophical Foundations of a New Concept of Equilibrium in the Social Sciences: Projected Equilibrium", *Philosophical Studies*, 100, 2000, p. 323-45; idem, "Two Temporalities, Two Rationalities: a New Look at Newcomb's Paradox". In: P. Bourgine e B. Walliser (orgs.), *Economics and Cognitive Science*. Nova York, Pergamon, 1992, p. 191-220; idem, "Common Knowledge, Common Sense", *Theory and Decision*, 27, 1989, p. 37-62. Ver também Jean-Pierre Dupuy (org.), *Self-Deception and Paradoxes of Rationality*. CSLI Publications, Stanford University, 1998.
¹⁷ Jean-Paul Sartre, *L'Être et le Néant*. Paris, Gallimard, 1943, p. 604.

Na ficção do tempo do projeto, eu me considero determinado por uma essência, para empregar o vocabulário sartriano, mas uma essência desconhecida. Eu não estou livre, em nenhum mundo possível, para agir contrariamente a essa essência. Como posso então crer na ficção da minha liberdade? Fazendo *como se* eu estivesse livre para escolher essa essência ao escolher a minha existência ("escolher o seu destino", "determinar-se", etc. são então expressões que ganham significado). Os condicionais contrafatuais que vou utilizar nos meus raciocínios práticos serão aqui do tipo "retrógrado":[18] "Se eu fizesse isso de preferência àquilo, *é que* a minha essência seria essa e não aquela, resultaria tal coisa disso".

A nossa análise do fundamento e do sentido da hipótese de fixidez dos preços na teoria do mercado nos mostra isso quando a transpomos ao campo temporal. A alienação dos agentes – o fato de que eles não reconhecem no porvir as consequências das suas ações e de que eles deixam esse porvir determinado como destino – facilita e incentiva a sua coordenação a respeito de um porvir mantido fixo. Suponhamos que se possa mostrar, no entanto, que esse modo de coordenação tem em certos casos propriedades desejáveis ou, em todo caso, menos indesejáveis do que outras convenções. Terá sido mostrado com isso precisamente que o porvir determinado como

---

[18] A expressão em inglês é *backtracking conditionals*. Compare-se: "Se eu comprasse um apartamento na Avenida Foch em Paris, (é que) eu seria rico" com: "Se eu comprasse um apartamento na Avenida Foch, eu seria pobre" (pois ficaria arruinado). Essa observação permite ver o seguinte: o tempo do projeto viola o primeiro princípio do argumento dominador. O passado não é irrevogável, ele não é fixo, a ação presente tem um poder contrafatual sobre o passado. Esse poder obviamente não é causal, nenhuma lei física é violada.

destino é para os agentes ao mesmo tempo um veneno e um remédio. Eis a tese que tento defender no tocante à nossa situação, diante das novas ameaças.

Pode-se evidentemente, ou até deve-se algumas vezes, situar-se no tempo do projeto fora de qualquer alienação. É o caso dos empreendimentos coletivos que mobilizam um povo ou um grupo em torno de um *projeto* comum desejável. O melhor exemplo que eu conheço é o da planificação francesa tal como havia sido concebida por Pierre Massé e tal como Roger Guesnerie sintetiza o espírito que a movia nesta formulação fulgurante: a planificação, escreve, "visava obter pela deliberação conjunta e por estudos uma imagem do futuro suficientemente otimista para ser desejável e suficientemente crível para desencadear as ações que gerariam a sua própria realização".[19] Será fácil convencer-se de que essa formulação só faz sentido na metafísica do tempo do projeto, cujo círculo ela descreve com perfeição ao ligar o passado e o futuro. A coordenação se dá com uma *imagem* do futuro, capaz de garantir o fechamento do círculo entre uma produção causal do porvir e a sua antecipação autorrealizadora.

O paradoxo da solução catastrofista ao problema das ameaças que pesam sobre o futuro da aventura humana está agora no seu lugar. Trata-se de se coordenar a respeito de um projeto negativo que toma a forma de um porvir fixo *que não se quer*. Poderia-se pensar em transpor a fórmula de Guesnerie para o seguinte: "obter pela

---

[19] Roger Guesnerie, *L'Économie de Marché*. Paris, Flammarion, 1996, p. 75. A formulação reflete o espírito das antecipações racionais.

futurologia científica e a meditação sobre os fins do homem uma imagem do futuro suficientemente catastrofista para ser repulsiva e suficientemente crível para desencadear as ações que impediriam a sua realização", mas essa formulação deixaria escapar um elemento essencial. Um empreendimento como esse parece de fato manchado de saída por uma falta redibitória: a autocontradição. Se for conseguido evitar o porvir indesejável, como se pode dizer que terá havido uma coordenação, um consenso sobre o porvir em que estão? A aporia permanece inteira.

capítulo 12
a racionalidade do catastrofismo

> *Se pensamos primeiro aqui, já que a ideia se impõe, no destino da natureza planetária condicionada pelo homem,* um destino que nos encara desde o futuro, *evidencia-se que o sentimento adequado é um misto de medo e de culpa: medo porque a previsão nos mostra justamente terríveis* realidades; *culpa porque estamos conscientes do nosso próprio papel na origem do seu encadeamento.*
> Hans Jonas, *Pour une Éthique du Futur*, (grifo meu)

> *Eis como o mundo chega ao seu fim*
> *Nenhum clamor, só um débil queixume*
> T. S. Eliot, *The Hollow Men*

Se Hans Jonas reveste os trajes de profeta do desastre, se ele clama *urbi et orbi* o anúncio da catástrofe por vir, é que ele pensa, mais do que pensa nos profetas bíblicos, no destino das Cassandras, Laocoontes e outros profetas da antiguidade, cuja desgraça era a de não serem ouvidos.[1] A sua deploração insistente é a de que nós não atribuímos um *peso de realidade* suficiente ao registro da catástrofe no futuro. Nem cognitiva nem emocionalmente

---

[1] Ver o *Laocoonte* de Lessing.

nos sentimos tocados pela antecipação do desastre por vir. Daí o trecho:

> A representação do *destino* dos homens por vir, e mais justificadamente ainda a do destino do planeta que não diz respeito a mim nem a ninguém mais ligado a mim pelos laços do amor ou da partilha imediata da vida, não tem por si essa influência sobre a nossa alma; *contudo ela "deve" tê-la, isto é, nós devemos lhe conceder essa influência.*[2]

A respeito do "aspecto emocional da visão de futuro moralmente exigida", Jonas especifica que "o saber *fatual* da futurologia [deve] despertar em nós o *sentimento* adequado para nos incitar à ação no sentido da responsabilidade".[3] Em todas as dimensões da sua ontologia, que aqui nós deixamos de lado, se encontra sempre a mesma exortação. Sobre o direito das gerações vindouras, o desafio é que:

> Só tem reivindicações o que levanta reivindicações – o que antes de tudo *existe*. (...) O que não existe não levanta reivindicações, eis por que os seus direitos tampouco podem ser lesados (...), ele não tem o direito de existir, antes mesmo de existir efetivamente.

---

[2] Hans Jonas, *Le Principe Responsabilité*, op. cit., p. 68 (grifos meus).
[3] Idem, *Pour une Éthique du Futur*, op. cit., p. 101 (grifos do autor).

> A reivindicação de ser começa somente com o ser. Ora, é precisamente com *o que não é ainda* que a ética buscada tem de tratar.[4]

É então sempre o prejuízo de ser próprio à representação da infelicidade que constitui o desafio a enfrentar. Era já o caso da crítica illichiana: o mal é invisível, ele se esconde nos *desvios* do trabalho e da heteronomia. O nosso dever é desemboscá-lo onde quer que ele esteja e trazê-lo de volta à luz do dia.

Segundo Nietzsche, a natureza deu-se a "tarefa paradoxal" de "criar o homem" como "um animal que possa prometer". Assim, o homem aprendeu "a ver e a antecipar o longínquo como se fosse atual".[5] Tentei mostrar que só a metafísica do tempo do projeto podia dar conta dessa *atualização do futuro* porquanto coloca frente a frente o passado e o porvir, tornando-os gêmeos um do outro. No tempo da história a prevenção eficiente da catástrofe faz desta um possível não realizado, espécie de fantasma ontológico cujo peso de realidade é insuficiente para suster a vontade de mantê-lo fora do mundo atual. A autorrefutação da prevenção bem-sucedida não diz respeito à lógica já que ela passa nesse caso por uma representação e uma vontade. Já o tempo do projeto inscreve firmemente a catástrofe na realidade do porvir, mas ao ponto que uma prevenção bem-sucedida só pode se autoaniquilar *ipso facto*, dessa feita por razões lógicas, visto que a

---

[4] Idem, *Le Principe Responsabilité*, op. cit., p. 87 (grifos meus).
[5] Friedrich Nietzsche, *Genealogia da Moral*, 2ª dissertação: "'Culpa', 'má consciência' e coisas afins".

catástrofe, não encontrando lugar no conjunto vazio dos possíveis não realizados, desaparece no não ser.

Essa descrição da nossa aporia, nos próprios termos em que acabo de fazê-la, encontra-se no âmago do debate sobre a eficiência e a ética da dissuasão nuclear. Ocorre que o mesmo debate revelou a existência de uma saída possível.

Não é porque o princípio de precaução tem, ao que se diz, as suas origens longínquas nas discussões sobre a guerra fria que abordo agora esse assunto. É unicamente, insisto nisto, porque esse debate deixa evidente que a nossa aporia metafísica possui uma solução. Aliás, não é por acaso que David K. Lewis, juntamente com outros filósofos americanos, participou ativamente da reflexão crítica sobre a lógica do famoso "equilíbrio do terror". É pela provação constituída por essa matéria que ele afinou alguns dos seus conceitos mais importantes.[6] Acrescento que se existe um setor em que uma "heurística do medo" terá tido um papel essencial, é exatamente esse, que pôs em operação as mais sofisticadas ferramentas do pensamento racional a serviço da mais extremada *loucura*.

Estou, de fato, me referindo a MAD, essa "lógica" da, literalmente, "destruição mútua garantida", ou, melhor dizendo, da "vulnerabilidade mútua". O esquema de base

---

[6] Ver David K. Lewis, "Devil's Bargains and the Real World". In: D. MacLean (org.), *The Security Gamble. Deterrence Dilemmas in the Nuclear Age*. Totowa, N. J., Rowman and Allanheld, 1984. Dentre os demais filósofos que participam do debate, é preciso citar Gregory Kavka, David Gauthier e Jean Hampton.

é simples: cada nação oferece às possíveis represálias da outra a sua própria população em holocausto. A segurança aí é filha do terror. Se uma das duas nações se protegesse, a outra poderia achar que a primeira se acredita invulnerável e, para prevenir um primeiro ataque, atacaria primeiro. As sociedades nucleares se apresentam ao mesmo tempo como vulneráveis e invulneráveis. Vulneráveis já que podem morrer com a agressão de algum outro; invulneráveis já que não morrerão antes de terem feito morrer o seu agressor, de que elas sempre serão capazes, qualquer que seja a potência do ataque que as faça desabar. A dissuasão nuclear contribuiu, sem dúvida, com essa paz paradoxal que se chamou de "Guerra Fria". A questão que agita ainda hoje alguns espíritos é saber se ela não foi uma monstruosidade moral. E será que não continua sendo, apesar do fim da guerra "fria"? É de bom tom alegar que se trata aí de águas passadas, completamente superadas. O escudo americano antimísseis, pelo que somos informados, vai nos transportar para um mundo totalmente diferente, sem dúvida menos estranho para o antigo do que aquele em que nos fez descambar a tragédia do 11 de Setembro de 2001. Penso que a primeira parte do argumento é falsa – o mundo da "guerra nas estrelas" é infinitamente mais perigoso que o da guerra fria, mas não cabe discutir isso aqui.[7] Repito que me interesso aqui apenas pelos fundamentos metafísicos do debate a respeito da dissuasão nuclear. Quanto ao segundo

---

[7] O leitor interessado poderá se reportar ao meu livro *Penser la Dissuasion Nucléaire*, Paris, PUF, 2004; ver também Jean-Pierre Dupuy, *La Dissuasion Nucléaire. Essai d'Évaluation au Regard de l'Éthique et de la Prudence*, Relatório ao Ministério da Defesa, fevereiro de 1998.

ponto, em compensação, só posso concordar. A condição *sine qua non* da possibilidade de equilíbrio do terror era a de que os protagonistas fossem dotados dessa racionalidade mínima que consiste em querer viver. A posição catastrofista que estou tentando construir apela, ela própria, para a sabedoria e para a racionalidade dos humanos, uma racionalidade que vai muito além do seu desejo de autoconservação. Se fosse comprovado que essas hipóteses são de agora em diante inválidas, só restaria desesperar-se ante a loucura do homem.

Que um estrategista francês possa dizer sem pestanejar: "Os nossos submarinos terão a capacidade de matar cinquenta milhões de pessoas em meia hora. Pensamos que isso basta para dissuadir qualquer adversário que seja",[8] isso sem dúvida dá um calafrio, mas esse ato de linguagem, a ameaça inacreditável que ele expressa, é a própria essência da dissuasão. O ato de matar cinquenta milhões de inocentes[9] é um mal imensurável, muitos o admitem, mesmo que seja em retaliação a um primeiro ataque que causou no seu próprio país danos imensos. Por si só a *intenção* de cometer esse ato não seria um mal igualmente colossal? Se eu armo o projeto de dar cabo da sua vida, e um imprevisto me impede de cumpri-lo, seria eu moralmente menos culpado do que se eu tivesse executado o meu plano até o fim?

---

[8] Dominique David, então diretor do Instituto de estratégia militar, citado pelo *Christian Science Monitor*, 4 de junho de 1986.
[9] No sentido que o termo tem na teoria da guerra justa: é "inocente" todo não combatente. A doutrina francesa, modestamente denominada "dissuasão do fraco ao forte" tem (tinha?) esta particularidade de que a força de ataque é explicitamente concebida para aniquilar as populações civis e urbanas do inimigo.

A filosofia moral possibilita que se veja com clareza o que ocorre nesse setor? Não é na França que se achará a resposta a essa pergunta. Os filósofos e os militares não falam disso entre si, e é no político que se costuma descarregar a incumbência de resolver uma das questões mais fundamentais para a vida da nação. Uma vez mais, a democracia é usada como álibi para a ausência de reflexão moral. Porém o ritual do voto jamais substituirá o debate racional. Temos de nos voltar então em direção à América.

É difícil não ouvir o argumento principal daqueles que defendem a dissuasão: pode ser o único meio de evitar o desencadeamento de um conflito cuja escalada levaria, no país do inimigo e no nosso, a um cataclisma. Pouco importa se foi ou não o caso durante a guerra fria. Nós perdemos definitivamente a nossa inocência no sentido de que ninguém pode daqui para a frente excluir o retorno de uma estrutura MAD em que seria realmente o caso. A recusa de formar a intenção de matar dezenas de milhões de pessoas seria causalmente suficiente para produzir dezenas de milhões de assassinatos, no seu país tanto quanto no do outro. Quando a distância entre as consequências das duas ações é imensamente grande – ela pode aqui estar separando a sobrevivência da humanidade do seu autoaniquilamento –, seria irresponsável não adotar um critério consequencialista, o qual conclui sob as hipóteses feitas que:

(1) É bom formar a intenção de p,

em que p se lê: "provocar a morte de dezenas de milhões de inocentes".

A mesma segurança tem a nossa intuição de que:

(2) É mau p.

Chega-se, entretanto, a uma contradição caso se leve em conta o princípio seguinte, muito profundamente arraigado nas nossas morais tradicionais:

(3) É mau formar a intenção de x se é mau x.

Tal é, segundo o filósofo Gregory Kavka, o paradoxo no qual nos mergulha a simples possibilidade de uma estrutura MAD. Jamais na história dos assuntos humanos o conflito entre a moral comum, que se exprime em (3), e a racionalidade consequencialista, que torna (1) incontestável, terá sido tão dilacerante. Por mais que os partidários da dissuasão defendam o fato de que (1) é irrefutável e os seus adversários, que esse é o caso para (3), nem uns nem os outros conseguem dirimir a nossa suspeita de que eles só detêm uma parte da verdade.

A validade universal de (3) foi posta em dúvida, alguns tendo inclusive ficado limitados a defender a tese incômoda de que esse princípio permanece verdadeiro salvo no caso da dissuasão nuclear. Se poderia ressaltar que a intenção de p é meramente condicional, mas a aporia continuaria aí. Se eu formo o projeto de matar você quando determinadas condições, fora do meu controle, estiverem satisfeitas, o estatuto moral da minha intenção é o mesmo que se ela fosse incondicional. Pode-se apontar que, entretanto, a intenção dissuasiva não é uma intenção condicional no sentido corrente do termo. As condições que me levariam a p estão tão pouco fora do meu controle que o que eu espero da minha intenção *p* é precisamente que essas condições não sejam realizadas. A nossa força de ataque não está aí para liquidar cinquenta milhões de indivíduos, ela está aí para impedir que as condições que nos levariam a liquidar cinquenta milhões de inocentes sejam satisfeitas. A intenção dissuasiva seria "autoinvalidante" ou "autorrefutante".

Esse argumento pode aliviar as angústias daqueles que temem um apocalipse nuclear? Suponhamos que esse seja o caso, que estejamos, pois, certos de que o nosso presidente nunca se achará diante de circunstâncias que o levariam a desencadear o fogo atômico. Mas, então, parece que a nossa dissuasão perderia toda a sua eficiência. Esta requer que não se descarte a *possibilidade* do pior, mesmo que se descarte a sua atualização. E o simples fato de tornar o pior possível é um mal em si – pelo menos é o que os adversários da dissuasão podem afirmar.

Vamos detalhar esse dilema fazendo uso dos instrumentos conceituais de que dispomos. Para que a dissuasão fosse ao mesmo tempo eficiente e moral, seria necessário que aquilo que a ameaça promete – a saber: o apocalipse nuclear – fosse um acontecimento ao mesmo tempo possível e não realizado. Seria necessário que esse acontecimento fosse possível para que ele pudesse ter, mesmo que não realizado, um impacto sobre o mundo real. Mas seria necessário evidentemente que ele permanecesse não realizado para que a aventura nuclear não desembocasse no mal absoluto. Deve-se assinalar que essas são condições simplesmente necessárias. Essa estrutura formal é idêntica à da prevenção. Ora, no caso da ameaça nuclear como no das catástrofes que espreitam o desenvolvimento econômico e industrial da humanidade, o principal obstáculo a uma prevenção ou a uma dissuasão eficiente é que não se acredita na realidade desse possível não atualizado. A catástrofe não é crível.

Esse problema de ausência de credibilidade da ameaça nuclear sobre a qual se julga estar baseada a dissuasão é o que mais tem merecido a atenção da maior parte da literatura estratégica e técnica voltada para esse assunto. Está fora de questão que eu resuma aqui esses debates já que só a estrutura formal me interessa. É óbvio que as razões dessa não credibilidade da ameaça nuclear não são da mesma natureza do que as que analisamos longamente no caso das catástrofes climáticas, sanitárias, econômicas ou industriais. Em um caso, a ameaça nuclear é empunhada por um sujeito, nem que seja um sujeito coletivo como um Estado; ela resulta de uma intenção; no segundo, a catástrofe avança sobre as suas vítimas como que vinda do nada, *tal como um acidente fatal*. Ora, contanto que o sujeito que ameaça o seu adversário de desencadear uma escalada mortal e suicida, se a sua vontade não for satisfeita, seja dotado de uma racionalidade mínima, quando posto contra a parede – digamos, depois de um primeiro ataque que destruiu parte do seu território –, ele não colocará a sua ameaça em execução: o próprio princípio de MAD é a garantia de uma destruição mútua caso se proceda um afastamento do equilíbrio do terror. Qual o chefe de Estado que, vítima de um primeiro ataque, não tendo mais senão uma nação devastada para defender, correria o risco, por meio de um segundo ataque vingativo, de pôr fim à aventura humana? Digamos então que em um mundo de Estados soberanos, dotados de uma racionalidade mínima, a ameaça nuclear absolutamente não é acreditável.

Tendo atingido esse estágio, o debate sobre a dissuasão encontra-se então exatamente no ponto em que havíamos chegado, depois de ter descoberto que não é a incerteza, científica ou não, que exige uma outra estratégia que a prevenção, e sim a ausência de credibilidade da catástrofe.

A próxima etapa é crucial. Ela foi transposta quando os partidários sensatos da estratégia de vulnerabilidade mútua entenderam que era preciso poupar por completo o conceito de *intenção* dissuasiva. Esse conceito era por sinal bem embaraçoso, já que, como vimos, estava sempre correndo o risco de refutar-se a si mesmo. A ideia revolucionária que apareceu nas discussões foi a de que era preciso apresentar ao inimigo a ameaça, não como um ato intencional, mas como uma fatalidade, um acidente. Segundo a nova doutrina, a mera *existência* de arsenais nucleares constituindo uma estrutura de vulnerabilidade mútua já bastava par tornar os parceiros infinitamente prudentes, independentemente de toda intenção ou razão de agir. Afinal de contas, ninguém vai brincar de atiçar um tigre. Se ainda for preciso falar aqui de racionalidade, é, como o escreve o filósofo Steven P. Lee, "o tipo de racionalidade em virtude da qual o agente contempla o abismo e decide simplesmente nunca se aproximar muito da beirada".[10] O desencadeamento acidental de um processo

---

[10] Steven P. Lee, *Morality, Prudence, and Nuclear Weapons*. Cambridge, Reino Unido, Cambridge University Press, 1996, p. 248.

de escalada tornando-se incontrolável fazia portanto parte integrante, desde então, da equação dissuasiva. Pode-se avaliar o interesse extraordinário que isso apresenta para o nosso problema. Com essa doutrina, dita de "dissuasão existencial", a diferença que separava o caso da ameaça nuclear daquele das catástrofes climáticas, sanitárias, econômicas ou industriais se esvai em fumaça. Em ambos os casos o mal toma a forma da fatalidade.

Bernard Brodie foi, nos Estados Unidos, um dos mais perspicazes defensores dessa nova doutrina. A citação que se segue, que data de 1973, resume com perfeição o seu pensamento:

> É um curioso paradoxo do nosso tempo que um dos fatores essenciais que fazem que a dissuasão [nuclear] funcione realmente, e funcione bem, é o medo subjacente que ela poderia fracassar em caso de crise muito grave. Nessas circunstâncias, *não se tenta o destino*. Se tivéssemos plena certeza de que a dissuasão nuclear fosse 100% eficiente em seu papel de proteção contra um ataque nuclear, então seu valor dissuasivo contra uma guerra convencional cairia para pouca coisa ou até para zero.[11]

Uma leitura rápida dá a impressão de que se pega sem esforço o que está sendo explicado aqui. Compreende-se

---

[11] Bernard Brodie, *War and Politics*. Nova York, Macmillan, 1973, p. 430-31 (grifo meu).

que a dissuasão perfeita é autorrefutante, mas que a
dissuasão imperfeita pode ser eficiente. Eu afirmo, entretanto, que essa dupla tese não pode ser demonstrada
(nem sequer expressa de um modo que faça sentido)
no contexto da nossa racionalidade prática tradicional,
isto é, em termos de crenças, desejos, intenções e decisões – digamos: em termos de estratégia. A dupla tese de
Bernard Brodie requer outra metafísica, outra concepção
do tempo: em suma, o tempo do projeto.

Comecemos pela tese da autorrefutação da dissuasão
perfeita. Ela não poderia ser defendida no tempo da história, que é o tempo da estratégia, senão à custa de um
erro metafísico básico: o erro que consistiria em inferir
a impossibilidade da não atualidade. É precisamente o
erro que os defensores da dissuasão nuclear são forçados
a cometer quando, acusados pelos seus críticos de tornar
possível o inaceitável, eles passam disfarçadamente de
um "eu nunca apertarei o botão" ao "é impossível que
eu aperte o botão". No tempo da história, se a dissuasão
funciona perfeitamente, a ameaça de apocalipse se torna
um possível não realizado, e esse possível continua a
produzir os seus efeitos dissuasivos sobre o mundo atual.
Se não é o caso, não é absolutamente porque a ameaça
se autorrefuta e sim porque, como possibilidade simplesmente agitada feito uma bandeira vermelha, ela não
é crível. O erro de raciocínio que aponto no tempo da
história vem a ser então o de confundir os dois principais
argumentos propostos ao longo do tempo pelos críticos
da dissuasão nuclear: a não credibilidade da ameaça,
de um lado, e a autorrefutação de uma dissuasão bem-sucedida, do outro. Ora, esses dois argumentos repousam
sobre fundamentos metafísicos diferentes.

No tempo do projeto, em contrapartida, a passagem da não atualidade à impossibilidade não é um erro, já que é uma das propriedades básicas da metafísica que lhe corresponde. Tudo que não é, nem agora, nem no futuro, é impossível. É então verdadeiro, no tempo do projeto, que toda dissuasão ou prevenção que obtém sucesso, pelo próprio fato de obter sucesso, logo de remeter ao não ser o cumprimento da ameaça, se aniquila. Toda medida de prevenção que obtém sucesso aparece *ipso facto* como inútil, pois feita para rechaçar um mal inexistente.[12] O que, no tempo da história, apareceria como um sofisma caracterizado vira uma inferência válida no tempo do projeto.

Essa conclusão é tão somente a aporia a que o nosso caminho nos levou. Queríamos fundar o catastrofismo sobre a metafísica do tempo do projeto, a ideia sendo a de se coordenar sobre um porvir mantido fixo que não se deseja. Esse projeto negativo, ou antiprojeto – fixar-se sobre um porvir catastrófico para que ele não se produza –, nos pareceu necessariamente contraditório, já que, se for bem-sucedido, não se terá estado fixado sobre um porvir, mas sobre um acontecimento que, por não estar inscrito no porvir, é impossível.

Passo à segunda tese proposta por Bernard Brodie: é uma incerteza sobre a sua eficiência que torna a dissuasão eficiente. Foi essa tese que possibilitou tirar a doutrina da dissuasão do impasse em que ela se encontrava presa,

---

[12] Os bilhões gastos no mundo inteiro para evitar o grande *bug* informático do ano 2000 foram objeto de uma suspeita parecida. Já que o *bug* não ocorreu, é que ele não devia ocorrer. Há múltiplos exemplos nesse sentido.

senão imprensada entre o não acreditável e a autoinvalidação. É o incerto, o acidental ou o fortuito que constituiria a saída, reestabelecendo ao mesmo tempo a credibilidade e a estabilidade da ameaça, portanto, o seu poder dissuasivo. Tudo gira na verdade em torno do estatuto metafísico desse incerto.

O recurso ao fortuito e ao incerto como solução *estratégica* ao problema da dissuasão em geral é uma ideia antiga, que ficou famosa através do teórico dos jogos Thomas Schelling,[13] entre outros, e que foi, até certo ponto, comprovada. A ideia é que às vezes pode ser *racional imitar a irracionalidade*, deixando o adversário na incerteza quanto a isso.[14] Se os protagonistas estiverem destinados a se confrontar repetidamente, cada um adquirirá assim uma reputação de malandro ou de valentão pronto para o que der e vier, e o outro, mesmo que desconfie que o oponente está fingindo, mas fingindo com razão, achará, por seu lado, racional ceder. Assim é que uma ameaça poderia se tornar crível e ter um efeito dissuasivo. Esses jogos especulares são sem dúvida fascinantes, mas não levam a nada em uma situação de vulnerabilidade mútua.

---

[13] Ver o seu livro famoso, *The Strategy of Conflict*. Cambridge, Harvard University Press, 1960, que rejuvenesceu totalmente a teoria dos jogos.
[14] Essa ideia chegou a uma certa consagração quando o presidente Nixon, em plena guerra do Vietnã, lhe deu o nome de "teoria do louco". Nixon, falando com o seu conselheiro Robert Haldeman: "Chamo isso de teoria do louco, Bob. Quero que os norte-vietnamitas achem que cheguei ao ponto em que eu poderia fazer *qualquer coisa* para parar a guerra. Vamos só fazer circular o seguinte: 'Valha-me Deus, sabem o que, pessoal, o Nixon está completamente obcecado pelo comunismo. Não se consegue mais segurá-lo quando ele entra em um acesso de raiva – e a mão dele está apoiada bem no botão nuclear' – e vocês vão ver que Ho Chi Minh em pessoa estará em Paris dois dias depois, de joelhos, mendigando a paz".

Esse tipo de "jogo", por construção, só se joga uma vez, e essa vez já fica a mais.

A incerteza estratégica não é obviamente a solução que Brodie tinha em mente. Estando em condições de executar a sua ameaça no caso em que a dissuasão fracassasse, nenhum dos protagonistas de um jogo MAD confiaria a uma loteria ou a uma roleta-russa o poder de decidir por ele: ele cederia.

A incerteza estratégica encontra naturalmente o seu lugar no âmbito da metafísica do tempo da história. Só nos resta então uma única opção ao término deste longo percurso: é o de explorar o que vem a ser o incerto no tempo do projeto. Creio que essa é a opção correta.

Para ter uma chance de tornar a dissuasão eficiente por meio do incerto, é necessário renunciar à estratégia, é preciso escolher não escolher. Mas essa fórmula não é precisa o bastante. Ela poderia ser interpretada segundo o modo da conhecida "máquina apocalíptica" cujos planos foram um dia imaginados por um estrategista maluco e que Stanley Kubrick levou à tela no seu inenarrável *Dr. Fantástico*. O seu princípio é simples: trata-se de ficar de mãos atadas pelo fato de tornar o revide nuclear automático.[15] Mas isso ainda seria uma estratégia. Bernard Brodie tem um cuidado todo especial em dizer outra coisa, mesmo que seja à custa de um enigma que ele não elucida. Ele também invoca o destino, a fatalidade.

---

[15] Sem falar que o adversário tem de ser informado a respeito! No filme de Kubrick, os soviéticos simplesmente esqueceram de avisar os americanos que eles tinham desenvolvido e posto em funcionamento a *Doomsday Machine*!

Não uma fatalidade condicional, que se traduziria por um condicional do tipo: "Se você me agredir, é inevitável que eu exploda tudo". Ainda se estaria na intencionalidade. A fatalidade de que se trata aqui é incondicionada, e é uma fatalidade improvável. *O apocalipse está como que inscrito no porvir, mas a sua probabilidade de ocorrência é – Deus seja louvado – extremamente baixa.* A solução consiste em fazer do aniquilamento mútuo um destino: jogo extremamente arriscado, mas que pode se justificar em comparação com a prudência, já que é porque a dissuasão é apenas imperfeitamente eficiente que ela escapa à autorrefutação. Essas noções parecem fazer sentido, mas fica plenamente evidente que elas não conseguiram até agora uma conceitualização adequada. Afirmo que a metafísica do tempo do projeto possibilita dar-lhes o rigor necessário. Aqui me limitarei a algumas anotações finais.[16]

Consideremos primeiro as coisas de um ponto de vista formal. Trata-se de ver em que tipo de ponto fixo torna a se fechar o círculo que liga o futuro ao passado no tempo do projeto. A catástrofe não pode ser esse ponto fixo, como sabemos: os sinais que ela enviaria rumo ao passado, para retomar a imagem de Jonas cuja justeza eu comprovei, desencadeariam as ações que impediriam que o porvir catastrófico se realizasse. É a autorrefutação da dissuasão perfeita. Para que os sinais provenientes do futuro atinjam o passado, sem desencadear isso mesmo que vai aniquilar a sua fonte, é preciso que subsista, inscrita

---

[16] Para as demonstrações técnicas, remeto o leitor interessado às referências da nota 16 do capítulo 11, "O tempo do projeto e o tempo da história".

no porvir, uma imperfeição do fechamento circular. Propus anteriormente reverter a fórmula pela qual Roger Guesnerie descrevia a antiga ambição da planificação econômica francesa, a fim de enunciar o que poderia ser a máxima de um catastrofismo racional. Isso dava: "obter pela futurologia científica e a meditação sobre os fins do homem uma imagem do futuro suficientemente catastrofista para ser repulsiva e suficientemente crível para desencadear as ações que impediriam a sua realização". Acrescentei que tão logo ela era exprimida essa máxima soçobrava na autorrefutação. Enxergamos agora como poderíamos emendá-la para evitar-lhe um destino tão indesejável. Isso daria: "obter uma imagem do porvir suficientemente catastrofista para ser repulsiva e suficientemente crível para desencadear as ações que impediriam a sua realização, *excetuando-se um só acidente*".

Pode-se querer quantificar a probabilidade desse acidente. Digamos que seja um e, por definição baixo ou muito baixo. A explicação precedente pode então ser dita deste modo compactado: é porque há uma probabilidade e que a dissuasão não funcione que ela funciona com uma probabilidade 1 – e. O que poderia ser visto como uma tautologia (seria obviamente o caso na metafísica do tempo da história) não é visto absolutamente aqui, já que a proposição precedente não é verdadeira para e = 0.[17] O fato

---

[17] A descontinuidade para e = 0 sugere que há aqui em ação como que um princípio de incerteza, ou melhor, de indeterminação. As probabilidades e e 1 – e se comportam como probabilidades na mecânica quântica. O ponto fixo deve, aliás, ser pensado aqui como a *superposição* de dois estados, um que é a ocorrência e fatal da catástrofe, o outro que é a sua não ocorrência. Não posso levar aqui mais adiante essa linha de reflexão. Agradeço a Aviv Bergman, da Universidade Stanford, pelas suas sugestões.

de que a dissuasão não funciona com uma probabilidade e estritamente positiva é o que permite o registro da catástrofe no porvir, e é esse registro que torna a dissuasão eficiente, *excetuando-se e*. Assinalemos que seria totalmente incorreto dizer que é a *possibilidade* do erro, com a probabilidade e, que salva a eficiência da dissuasão – como se o erro e a ausência de erro constituíssem os dois ramos de uma bifurcação. Não há trilhas que se bifurcam no tempo do projeto. O erro não é somente possível, ele é atual, registrado no tempo – como uma escorregada da caneta, de certa forma.[18] Em outras palavras, o que tem chances de nos salvar é aquilo mesmo que nos ameaça. Creio que isso é a interpretação mais profunda daquilo que Hans Jonas chama de heurística do medo.

A humanidade não está envolvida em um jogo MAD com adversários cujo nome seria a Natureza, a Técnica ou o Tempo. Se, como Édipo, a humanidade partisse em busca do culpado, é ela própria que encontraria no fim do caminho. É só com ela mesma que ela tem de haver-se por trás das mediações naturais e artificiais que evitam que os homens caiam uns sobre os outros se matando em

---

[18] Seria conveniente, por sinal, descrever mais formalmente o que diferencia o acidente estratégico do acidente-destino ou fatalidade. O primeiro faz intervir a probabilidade de um condicional do tipo: "Se você me atacasse, eu desencadearia a escalada que nos engoliria a ambos". Estamos no tempo da história, a incerteza se vincula a um ato intencional. Já o acidente-fatalidade faz intervir a probabilidade de um condicional do tipo: "Se a catástrofe estivesse inscrita no porvir, eu a tornaria causalmente possível agindo agora dessa maneira". Estamos no tempo do projeto, o que explica a forma "retrógrada" (*backtracking*) desse condicional singular. O destino apocalíptico "já" faz parte do mundo atual, como fatalidade, precisamente. Não cabe aos atores do drama torná-lo improvável abstendo-se, na melhor das hipóteses, de torná-lo causalmente possível.

uma confusão geral. Nessa história toda só há um protagonista, mesmo que o mal que o espreita tome a forma do destino. Esse destino não é um sujeito e ele não tem intenções. Porém a situação de "destruição mútua garantida" terá tido a mesmíssima estrutura. Sob a aparência de dois gêmeos inextricavelmente ligados pela sua rivalidade mimética, encontra-se um só ator, a humanidade uma vez mais, às voltas com a sua própria violência, que toma a forma de um destino apocalíptico. Nos dois casos, o mal não é nem assinado nem reivindicado. Ele é sem intenção. A astúcia consiste não em revelar que ele não existe, mas em agir *como se* fôssemos as suas vítimas, conservando a consciência clara de que somos a causa única do que acontece conosco. Esse jogo duplo, esse estratagema, é talvez a condição necessária da nossa salvação.

O tempo do projeto captura o tempo em um círculo hermeticamente fechado sobre si mesmo, fazendo do passado e do porvir uma espécie de dobradinha rebatendo as jogadas entre si. Mas, como na profecia bíblica, esse fechamento é simultaneamente uma abertura. O tempo se encerra sobre a catástrofe anunciada, mas o tempo continua, tal qual um acréscimo de vida e de esperança, para além do encerramento. A abertura resulta para nós de que o destino tem um estatuto de acidente, de um erro que estamos livres para não cometer. Sabemos de agora em diante que embarcamos e que temos a bordo uma bomba-relógio. Está em nossas mãos que a explosão, registrada como uma fatalidade pouco provável, não aconteça. Estamos condenados à vigilância permanente.

Com base nos conhecimentos que temos hoje a respeito do "suicídio celular autoprogramado", o biólogo Jean-

Claude Ameisen defende a tese de que a vida tem como condição necessária a repressão permanente do suicídio celular.[19] A positividade da vida deve ser concebida, diz ele, como "a repressão de uma repressão", "a negação de uma negação". A tese se expressa assim: "Um evento positivo – a vida – nasce da negação de um evento negativo – a autodestruição".[20]

O catastrofismo ilustrado consiste em pensar a continuação da experiência humana como resultante da negação de uma autodestruição – uma autodestruição que estaria como que inscrita no seu porvir firmado como destino. Com a esperança, como escreve Borges, de que esse porvir, muito embora inelutável, não ocorra.

---

[19] Veja o seu livro espantoso: *La Sculpture du Vivant. Le Suicide Cellulaire ou la Mort Créatrice*. Paris, Éd. du Seuil, 1999.
[20] Ibidem, p. 13.

breve explicação

Arnaldo Momigliano inspira nossa tarefa, já que a alquimia dos antiquários jamais se realizou: nenhum catálogo esgota a pluralidade do mundo e muito menos a dificuldade de uma questão complexa como a teoria mimética.

O cartógrafo borgeano conheceu constrangimento semelhante, como Jorge Luis Borges revelou no poema "La Luna". Como se sabe, o cartógrafo não pretendia muito, seu projeto era modesto: "cifrar el universo / En un libro". Ao terminá-lo, levantou os olhos "con ímpetu infinito", provavelmente surpreso com o poder de palavras e compassos. No entanto, logo percebeu que redigir catálogos, como produzir livros, é uma tarefa infinita:

> Gracias iba a rendir a la fortuna
> Cuando al alzar los ojos vio un bruñido
> Disco en el aire y comprendió aturdido
> Que se había olvidado de la luna.

Nem antiquários, tampouco cartógrafos: portanto, estamos livres para apresentar ao público brasileiro uma cronologia que não se pretende exaustiva da vida e da obra de René Girard.

Com o mesmo propósito, compilamos uma bibliografia sintética do pensador francês, privilegiando os livros publicados. Por isso, não mencionamos a grande quantidade de ensaios e capítulos de livros que escreveu, assim como de entrevistas que concedeu. Para o leitor interessado numa relação completa de sua vasta produção, recomendamos o banco de dados organizado pela Universidade de Innsbruck: http://www.uibk.ac.at/rgkw/mimdok/suche/index.html.en.

De igual forma, selecionamos livros e ensaios dedicados, direta ou indiretamente, à obra de René Girard, incluindo os títulos que sairão na Biblioteca René Girard. Nosso objetivo é estimular o convívio reflexivo com a teoria mimética. Ao mesmo tempo, desejamos propor uma coleção cujo aparato crítico estimule novas pesquisas.

Em outras palavras, o projeto da Biblioteca René Girard é também um convite para que o leitor venha a escrever seus próprios livros acerca da teoria mimética.

cronologia de René Girard

René Girard nasce em Avignon (França) no dia 25 de dezembro de 1923; o segundo de cinco filhos. Seu pai trabalha como curador do Museu da Cidade e do famoso "Castelo dos Papas". Girard estuda no liceu local e recebe seu *baccalauréat* em 1940.

De 1943 a 1947 estuda na École des Chartes, em Paris, especializando-se em história medieval e paleografia. Defende a tese *La Vie Privée à Avignon dans la Seconde Moitié du XVme Siècle*.

Em 1947 René Girard deixa a França e começa um doutorado em História na Universidade de Indiana, Bloomington, ensinando Literatura Francesa na mesma universidade. Conclui o doutorado em 1950 com a tese *American Opinion on France, 1940-1943*.

No dia 18 de junho de 1951, Girard casa-se com Martha McCullough. O casal tem três filhos: Martin, Daniel e Mary.

Em 1954 começa a ensinar na Universidade Duke e, até 1957, no Bryn Mawr College.

Em 1957 torna-se professor assistente de Francês na Universidade Johns Hopkins, em Baltimore.

Em 1961 publica seu primeiro livro, *Mensonge Romantique et Vérité Romanesque*, expondo os princípios da teoria do desejo mimético.

Em 1962 torna-se professor associado na Universidade Johns Hopkins.

Organiza em 1962 *Proust: A Collection of Critical Essays*, e, em 1963, publica *Dostoïevski, du Double à l'Unité*.

Em outubro de 1966, em colaboração com Richard Macksey e Eugenio Donato, organiza o colóquio internacional "The Languages of Criticism and the Sciences of Man". Nesse colóquio participam Lucien Goldmann, Roland Barthes, Jacques Derrida, Jacques Lacan, entre outros. Esse encontro é visto como a introdução do estruturalismo nos Estados Unidos. Nesse período, Girard desenvolve a noção do assassinato fundador.

Em 1968 tranfere-se para a Universidade do Estado de Nova York, em Buffalo, e ocupa a direção do Departamento de Inglês.

Principia sua colaboração e amizade com Michel Serres. Começa a interessar-se mais seriamente pela obra de Shakespeare.

Em 1972 publica *La Violence et le Sacré*, apresentando o mecanismo do bode expiatório. No ano seguinte, a revista *Esprit* dedica um número especial à obra de René Girard.

Em 1975 retorna à Universidade Johns Hopkins.

Em 1978, com a colaboração de Jean-Michel Oughourlian e Guy Lefort, dois psiquiatras franceses, publica seu terceiro livro, *Des Choses Cachées depuis la Fondation du Monde*. Trata-se de um longo e sistemático diálogo sobre a teoria mimética compreendida em sua totalidade.

Em 1980, na Universidade Stanford, recebe a "Cátedra Andrew B. Hammond" em Língua, Literatura e Civilização Francesa. Com a colaboração de Jean-Pierre Dupuy, cria e dirige o "Program for Interdisciplinary Research", responsável pela realização de importantes colóquios internacionais.

Em 1982 publica *Le Bouc Émissaire* e, em 1985, *La Route Antique des Hommes Pervers*. Nesses livros, Girard principia a desenvolver uma abordagem hermenêutica para uma leitura dos textos bíblicos com base na teoria mimética.

Em junho de 1983, no Centre Culturel International de Cerisy-la-Salle, Jean-Pierre Dupuy e Paul Dumouchel organizam o colóquio "Violence et Vérité. Autour de René Girard". Os "Colóquios de Cerisy" representam uma referência fundamental na recente história intelectual francesa.

Em 1985 recebe, da Frije Universiteit de Amsterdã, o primeiro de muitos doutorados *honoris causa*. Nos anos seguintes, recebe a mesma distinção da Universidade de Innsbruck, Áustria (1988); da Universidade de Antuérpia, Bélgica (1995); da Universidade de Pádua, Itália (2001); da Universidade de Montreal, Canadá (2004); da University College London, Inglaterra (2006); da Universidade de St Andrews, Escócia (2008).

Em 1990 é criado o Colloquium on Violence and Religion (COV&R). Trata-se de uma associação internacional de pesquisadores dedicada ao desenvolvimento e à crítica da teoria mimética, especialmente no tocante às relações entre violência e religião nos primórdios da cultura. O Colloquium on Violence and Religion organiza colóquios anuais e publica a revista *Contagion*. Girard é o presidente honorário da instituição. Consulte-se a página: http://www.uibk.ac.at/theol/cover/.

Em 1990 visita o Brasil pela primeira vez: encontro com representantes da Teologia da Libertação, realizado em Piracicaba, São Paulo.

Em 1991 Girard publica seu primeiro livro escrito em inglês: *A Theatre of Envy: William Shakespeare* (Oxford University Press). O livro recebe o "Prix Médicis", na França.

Em 1995 aposenta-se na Universidade Stanford.

Em 1999 publica *Je Vois Satan Tomber comme l'Éclair*. Desenvolve a leitura antropológica dos textos bíblicos com os próximos dois livros: *Celui par qui le Scandale Arrive* (2001) e *Le Sacrifice* (2003).

Em 2000 visita o Brasil pela segunda vez: lançamento de *Um Longo Argumento do Princípio ao Fim. Diálogos com João Cezar de Castro Rocha e Pierpaolo Antonello*.

Em 2004 recebe o "Prix Aujourd'hui" pelo livro *Les Origines de la Culture. Entretiens avec Pierpaolo Antonello et João Cezar de Castro Rocha*.

Em 17 de março de 2005 René Girard é eleito para a Académie Française. O "Discurso de Recepção" foi feito por Michel Serres em 15 de dezembro. No mesmo ano, cria-se em Paris a Association pour les Recherches Mimétiques (ARM).

Em 2006 René Girard e Gianni Vattimo dialogam sobre cristianismo e modernidade: *Verità o Fede Debole? Dialogo su Cristianesimo e Relativismo*.

Em 2007 publica *Achever Clausewitz*, um diálogo com Benoît Chantre. Nessa ocasião, desenvolve uma abordagem apocalíptica da história.

Em outubro de 2007, em Paris, é criada a "Imitatio. Integrating the Human Sciences", (http://www.imitatio.org/), com apoio da Thiel Foundation. Seu objetivo é ampliar e promover as consequências da teoria girardiana sobre o comportamento humano e a cultura. Além disso, pretende apoiar o estudo interdisciplinar da teoria mimética. O primeiro encontro da Imitatio realiza-se em Stanford, em abril de 2008.

Em 2008 René Girard recebe a mais importante distinção da Modern Language Association (MLA): "Lifetime Achievement Award".

bibliografia de René Girard

Mensonge Romantique et Vérité Romanesque. Paris: Grasset, 1961. [*Mentira Romântica e Verdade Romanesca.* Trad. Lília Ledon da Silva. São Paulo: Editora É, 2009.]
Proust: A Collection of Critical Essays. Englewood Cliffs: Prentice Hall, 1962.
Dostoïevski, du Double à l'Unité. Paris: Plon, 1963. (Este livro será publicado na Biblioteca René Girard)
La Violence et le Sacré. Paris: Grasset, 1972.
Critique dans un Souterrain. Lausanne: L'Age d'Homme, 1976.
To Double Business Bound: Essays on Literature, Mimesis, and Anthropology. Baltimore: Johns Hopkins University Press, 1978. (Este livro será publicado na Biblioteca René Girard)
Des Choses Cachées depuis la Fondation du Monde. Pesquisas com Jean-Michel Oughourlian e Guy Lefort. Paris: Grasset, 1978.
Le Bouc Émissaire. Paris: Grasset, 1982.
La Route Antique des Hommes Pervers. Paris: Grasset, 1985.
Violent Origins: Walter Burkert, René Girard, and Jonathan Z. Smith on Ritual Killing and Cultural Formation. Org. Robert Hamerton-Kelly. Stanford: Stanford University Press, 1988. (Este livro será publicado na Biblioteca René Girard)

A Theatre of Envy: William Shakespeare.
Nova York: Oxford University Press, 1991.
[*Shakespeare: Teatro da Inveja.* Trad. Pedro
Sette-Câmara. São Paulo: Editora É, 2010.]
*Quand ces Choses Commenceront...
Entretiens avec Michel Treguer.* Paris:
Arléa, 1994. (Este livro será publicado na
Biblioteca René Girard)
The Girard Reader. Org. James G. Williams.
Nova York: Crossroad, 1996.
Je Vois Satan Tomber comme l'Éclair. Paris:
Grasset, 1999.
Um Longo Argumento do Princípio ao Fim.
*Diálogos com João Cezar de Castro Rocha
e Pierpaolo Antonello.* Rio de Janeiro: Topbooks, 2000. Este livro, escrito em inglês,
foi publicado, com algumas modificações,
em italiano, espanhol, polonês, japonês,
coreano, tcheco e francês. Na França, em
2004, recebeu o "Prix Aujourd'hui".
Celui par Qui le Scandale Arrive: Entretiens avec Maria Stella Barberi. Paris:
Desclée de Brouwer, 2001. (Este livro será
publicado na Biblioteca René Girard)
*La Voix Méconnue du Réel: Une Théorie des
Mythes Archaïques et Modernes.* Paris:
Grasset, 2002. (Este livro será publicado
na Biblioteca René Girard)
*Il Caso Nietzsche. La Ribellione Fallita
dell'Anticristo.* Com colaboração e edição de
Giuseppe Fornari. Gênova: Marietti, 2002.
Le Sacrifice. Paris: Bibliothèque Nationale
de France, 2003. (Este livro será publicado na Biblioteca René Girard)
*Oedipus Unbound: Selected Writings on
Rivalry and Desire.* Org. Mark R. Anspach.
Stanford: Stanford University Press, 2004.
Miti d'Origine. Massa: Transeuropa Edizioni, 2005. (Este livro será publicado na
Biblioteca René Girard)
Verità o Fede Debole. Dialogo su Cristianesimo e Relativismo. Com Gianni Vattimo.
Org. Pierpaolo Antonello. Massa: Transeuropa Edizioni, 2006.

Achever Clausewitz (Entretiens avec Benoît Chantre). Paris: Carnets Nord, 2007. (Este livro será publicado na Biblioteca René Girard)

Le Tragique et la Pitié: Discours de Réception de René Girard à l'Académie Française et Réponse de Michel Serres. Paris: Editions le Pommier, 2007. (Este livro será publicado na Biblioteca René Girard)

De la Violence à la Divinité. Paris: Grasset, 2007. Reunião dos principais livros de Girard publicados pela Editora Grasset, acompanhada de uma nova introdução para todos os títulos. O volume inclui *Mensonge Romantique et Vérité Romanesque, La Violence et le Sacré, Des Choses Cachées depuis la Fondation du Monde* e *Le Bouc Émissaire*.

Dieu, une Invention?. Com André Gounelle e Alain Houziaux. Paris: Editions de l'Atelier, 2007. (Este livro será publicado na Biblioteca René Girard)

Evolution and Conversion. Dialogues on the Origins of Culture. Com Pierpaolo Antonello e João Cezar de Castro Rocha. Londres: The Continuum, 2008. (Este livro será publicado na Biblioteca René Girard)

Anorexie et Désir Mimétique. Paris: L'Herne, 2008. (Este livro será publicado na Biblioteca René Girard)

Mimesis and Theory: Essays on Literature and Criticism, 1953-2005. Org. Robert Doran. Stanford: Stanford University Press, 2008.

La Conversion de l'Art. Paris: Carnets Nord, 2008. Este livro é acompanhado por um DVD, *Le Sens de l'Histoire*, que reproduz um diálogo com Benoît Chantre. (Este livro será publicado na Biblioteca René Girard)

Gewalt und Religion: Gespräche mit Wolfgang Palaver. Berlim: Matthes & Seitz Verlag, 2010.

Géométries du Désir. Prefácio de Mark Anspach. Paris: Ed. de L'Herne, 2011.

bibliografia selecionada sobre René Girard[1]

BANDERA, Cesáreo. *Mimesis Conflictiva: Ficción Literaria y Violencia en Cervantes y Calderón*. (Biblioteca Románica Hispánica – Estudios y Ensayos 221). Prefácio de René Girard. Madri: Editorial Gredos, 1975.

SCHWAGER, Raymund. *Brauchen Wir einen Sündenbock? Gewalt und Erläsung in den Biblischen Schriften*. Munique: Kasel, 1978.

DUPUY, Jean-Pierre e DUMOUCHEL, Paul. *L'Enfer des Choses: René Girard et la Logique de l'Économie*. Posfácio de René Girard. Paris: Le Seuil, 1979.

CHIRPAZ, François. *Enjeux de la Violence: Essais sur René Girard*. Paris: Cerf, 1980.

GANS, Eric. *The Origin of Language: A Formal Theory of Representation*. Berkeley: University of California Press, 1981.

AGLIETTA, M. e ORLÉAN, A. *La Violence de la Monnaie*. Paris: PUF, 1982.

---

[1] Agradecemos a colaboração de Pierpaolo Antonello, do St John's College (Universidade de Cambridge). Nesta bibliografia, adotamos a ordem cronológica em lugar da alfabética a fim de evidenciar a recepção crescente da obra girardiana nas últimas décadas.

OUGHOURLIAN, Jean-Michel. *Un Mime Nomme Desir: Hysterie, Transe, Possession, Adorcisme*. Paris: Éditions Grasset et Fasquelle, 1982. (Este livro será publicado na Biblioteca René Girard)

DUPUY, Jean-Pierre e DEGUY, Michel (orgs.). *René Girard et le Problème du Mal*. Paris: Grasset, 1982.

DUPUY, Jean-Pierre. *Ordres et Désordres*. Paris: Le Seuil, 1982.

FAGES, Jean-Baptiste. *Comprendre René Girard*. Toulouse: Privat, 1982.

MCKENNA, Andrew J. (org.). *René Girard and Biblical Studies (Semeia* 33). Decatur, GA: Scholars Press, 1985.

CARRARA, Alberto. *Violenza, Sacro, Rivelazione Biblica: Il Pensiero di René Girard*. Milão: Vita e Pensiero, 1985.

DUMOUCHEL, Paul (org.). *Violence et Vérité – Actes du Colloque de Cerisy*. Paris: Grasset, 1985. Tradução para o inglês: *Violence and Truth: On the Work of René Girard*. Stanford: Stanford University Press, 1988.

ORSINI, Christine. *La Pensée de René Girard*. Paris: Retz, 1986.

To Honor René Girard. Presented on the Occasion of his Sixtieth Birthday by Colleagues, Students, Friends. Stanford French and Italian Studies 34. Saratoga, CA: Anma Libri, 1986.

LERMEN, Hans-Jürgen. *Raymund Schwagers Versuch einer Neuinterpretation der Erläsungstheologie im Anschluss an René Girard*. Mainz: Unveräffentlichte Diplomarbeit, 1987.

LASCARIS, André. *Advocaat van de Zondebok: Het Werk van René Girard en het Evangelie van Jezus*. Hilversum: Gooi & Sticht, 1987.

BEEK, Wouter van (org.). *Mimese en Geweld: Beschouwingen over het Werk van René Girard*. Kampen: Kok Agora, 1988.

HAMERTON-KELLY, Robert G. (org.). *Violent Origins: Walter Burkert, Rene Girard, and*

Jonathan Z. Smith on Ritual Killing and Cultural Formation. Stanford: Stanford University Press, 1988. (Este livro será publicado na Biblioteca René Girard)

GANS, Eric. *Science and Faith: The Anthropology of Revelation*. Savage, MD: Rowman & Littlefield, 1990.

ASSMANN, Hugo (org.). *René Girard com Teólogos da Libertação: Um Diálogo sobre Ídolos e Sacrifícios*. Petrópolis: Vozes, 1991. Tradução para o alemão: *Gätzenbilder und Opfer: René Girard im Gespräch mit der Befreiungstheologie*. (Beiträge zur mimetischen Theorie 2). Thaur, Münster: Druck u. Verlagshaus Thaur, LIT-Verlag, 1996. Tradução para o espanhol: *Sobre Ídolos y Sacrifícios: René Girard con Teólogos de la Liberación*. (Colección Economía-Teología). San José, Costa Rica: Editorial Departamento Ecuménico de Investigaciones, 1991.

ALISON, James. *A Theology of the Holy Trinity in the Light of the Thought of René Girard*. Oxford: Blackfriars, 1991.

RÉGIS, J. P. (org.). *Table Ronde Autour de René Girard*. (Publications des Groupes de Recherches Anglo-américaines 8). Tours: Université François Rabelais de Tours, 1991.

WILLIAMS, James G. *The Bible, Violence, and the Sacred: Liberation from the Myth of Sanctionated Violence*. Prefácio de René Girard. San Francisco: Harper, 1991.

LUNDAGER JENSEN, Hans Jürgen. *René Girard*. (Profil-Serien 1). Frederiksberg: Forlaget Anis, 1991.

HAMERTON-KELLY, Robert G. *Sacred Violence: Paul's Hermeneutic of the Cross*. Minneapolis: Augsburg Fortress, 1992. (Este livro será publicado na Biblioteca René Girard)

McKENNA, Andrew J. (org.). *Violence and Difference: Girard, Derrida, and Deconstruction*. Chicago: University of Illinois Press, 1992.

LIVINGSTON, Paisley. *Models of Desire: René Girard and the Psychology of Mimesis*. Baltimore: The Johns Hopkins University Press, 1992.

LASCARIS, André e WEIGAND, Hans (orgs.). *Nabootsing: In Discussie over René Girard*. Kampen: Kok Agora, 1992.

GOLSAN, Richard J. *René Girard and Myth: An Introduction*. Nova York e Londres: Garland, 1993 (Nova York: Routledge, 2002). (Este livro será publicado na Biblioteca René Girard)

GANS, Eric. *Originary Thinking: Elements of Generative Anthropology*. Stanford: Stanford University Press, 1993.

HAMERTON-KELLY, Robert G. *The Gospel and the Sacred: Poetics of Violence in Mark*. Prefácio de René Girard. Minneapolis: Fortress Press, 1994.

BINABURO, J. A. Bakeaz (org.). *Pensando en la Violencia: Desde Walter Benjamin, Hannah Arendt, René Girard y Paul Ricoeur*. Centro de Documentación y Estudios para la Paz. Madri: Libros de la Catarata, 1994.

McCRACKEN, David. *The Scandal of the Gospels: Jesus, Story, and Offense*. Oxford: Oxford University Press, 1994.

WALLACE, Mark I. e SMITH, Theophus H. *Curing Violence: Essays on René Girard*. Sonoma, CA: Polebridge Press, 1994.

BANDERA, Cesáreo. *The Sacred Game: The Role of the Sacred in the Genesis of Modern Literary Fiction*. University Park: Pennsylvania State University Press, 1994. (Este livro será publicado na Biblioteca René Girard)

ALISON, James. *The Joy of Being Wrong: An Essay in the Theology of Original Sin in the Light of the Mimetic Theory of René Girard*. Santiago de Chile: Instituto Pedro de Córdoba, 1994. (Este livro será publicado na Biblioteca René Girard)

LAGARDE, François. *René Girard ou la Christianisation des Sciences Humaines*. Nova York: Peter Lang, 1994.

TEIXEIRA, Alfredo. *A Pedra Rejeitada: O Eterno Retorno da Violência e a Singularidade da Revelação Evangélica na Obra de René Girard*. Porto: Universidade Católica Portuguesa, 1995.

BAILIE, Gil. *Violence Unveiled: Humanity at the Crossroads*. Nova York: Crossroad, 1995.

TOMELLERI, Stefano. *René Girard. La Matrice Sociale della Violenza*. Milão: F. Angeli, 1996.

GOODHART, Sandor. *Sacrificing Commentary: Reading the End of Literature*. Baltimore: Johns Hopkins University Press, 1996.

PELCKMANS, Paul e VANHEESWIJCK, Guido. *René Girard, het Labyrint van het Verlangen: Zes Opstellen*. Kampen/Kapellen: Kok Agora/Pelcckmans, 1996.

GANS, Eric. *Signs of Paradox: Irony, Resentment, and Other Mimetic Structures*. Stanford: Stanford University Press, 1997.

SANTOS, Laura Ferreira dos. *Pensar o Desejo: Freud, Girard, Deleuze*. Braga: Universidade do Minho, 1997.

GROTE, Jim e McGEENEY, John R. *Clever as Serpents: Business Ethics and Office Politics*. Minnesota: Liturgical Press, 1997. (Este livro será publicado na Biblioteca René Girard)

FEDERSCHMIDT, Karl H.; ATKINS, Ulrike; TEMME, Klaus (orgs.). *Violence and Sacrifice: Cultural Anthropological and Theological Aspects Taken from Five Continents*. Intercultural Pastoral Care and Counseling 4. Düsseldorf: SIPCC, 1998.

SWARTLEY, William M. (org.). *Violence Renounced: René Girard, Biblical Studies and Peacemaking*. Telford: Pandora Press, 2000.

FLEMING, Chris. *René Girard: Violence and Mimesis*. Cambridge: Polity, 2000.

ALISON, James. *Faith Beyond Resentment: Fragments Catholic and Gay*. Londres: Darton, Longman & Todd, 2001. Tradução para o português: *Fé Além do Ressentimento: Fragmentos Católicos em Voz Gay*. São Paulo: Editora É, 2010.

ANSPACH, Mark Rogin. *A Charge de Revanche: Figures Élémentaires de la Réciprocité*. Paris: Editions du Seuil, 2002. (Este livro será publicado na Biblioteca René Girard)

GOLSAN, Richard J. *René Girard and Myth*. Nova York: Routledge, 2002. (Este livro será publicado na Biblioteca René Girard)

DUPUY, Jean-Pierre. *Pour un Catastrophisme Éclairé. Quand l'Impossible est Certain*. Paris: Editions du Seuil, 2002. (Este livro será publicado na Biblioteca René Girard)

JOHNSEN, William A. *Violence and Modernism: Ibsen, Joyce, and Woolf*. Gainesville, FL: University Press of Florida, 2003. (Este livro será publicado na Biblioteca René Girard)

KIRWAN, Michael. *Discovering Girard*. Londres: Darton, Longman & Todd, 2004. (Este livro será publicado na Biblioteca René Girard)

BANDERA, Cesáreo. *Monda y Desnuda: La Humilde Historia de Don Quijote. Reflexiones sobre el Origen de la Novela Moderna*. Madri: Iberoamericana, 2005. (Este livro será publicado na Biblioteca René Girard)

VINOLO, Stéphane. *René Girard: Du Mimétisme à l'Hominisation, la Violence Différante*. Paris: L'Harmattan, 2005. (Este livro será publicado na Biblioteca René Girard)

INCHAUSTI, Robert. *Subversive Orthodoxy: Outlaws, Revolutionaries, and Other Christians in Disguise*. Grand Rapids, MI: Brazos Press, 2005. (Este livro será publicado na Biblioteca René Girard)

FORNARI, Giuseppe. *Fra Dioniso e Cristo. Conoscenza e Sacrificio nel Mondo Greco e nella Civiltà Occidentale*. Gênova-Milão: Marietti, 2006. (Este livro será publicado na Biblioteca René Girard)

ANDRADE, Gabriel. *La Crítica Literaria de René Girard*. Mérida: Universidad del Zulia, 2007.

HAMERTON-KELLY, Robert G. (org.). *Politics & Apocalypse*. East Lansing, MI: Michigan State University Press, 2007. (Este livro será publicado na Biblioteca René Girard)

LANCE, Daniel. *Vous Avez Dit Elèves Difficiles? Education, Autorité et Dialogue*. Paris, L'Harmattan, 2007. (Este livro será publicado na Biblioteca René Girard)

VINOLO, Stéphane. *René Girard: Épistémologie du Sacré*. Paris: L'Harmattan, 2007. (Este livro será publicado na Biblioteca René Girard)

OUGHOURLIAN, Jean-Michel. *Genèse du Désir*. Paris: Carnets Nord, 2007. (Este livro será publicado na Biblioteca René Girard)

ALBERG, Jeremiah. *A Reinterpretation of Rousseau: A Religious System*. Nova York: Palgrave Macmillan, 2007. (Este livro será publicado na Biblioteca René Girard)

DUPUY, Jean-Pierre. *Dans l'Oeil du Cyclone – Colloque de Cerisy*. Paris: Carnets Nord, 2008. (Este livro será publicado na Biblioteca René Girard)

DUPUY, Jean-Pierre. *La Marque du Sacré*. Paris: Carnets Nord, 2008. (Este livro será publicado na Biblioteca René Girard)

ANSPACH, Mark Rogin (org.). *René Girard*. Les Cahiers de l'Herne n. 89. Paris: L'Herne, 2008. (Este livro será publicado na Biblioteca René Girard)

DEPOORTERE, Frederiek. *Christ in Postmodern Philosophy: Gianni Vattimo, Rene Girard, and Slavoj Zizek*. Londres: Continuum, 2008.

PALAVER, Wolfgang. *René Girards Mimetische Theorie. Im Kontext Kulturtheoretischer und Gesellschaftspolitischer Fragen*. 3. Auflage. Münster: LIT, 2008.

BARBERI, Maria Stella (org.). *Catastrofi Generative - Mito, Storia, Letteratura*. Massa: Transeuropa Edizioni, 2009. (Este livro será publicado na Biblioteca René Girard)

ANTONELLO, Pierpaolo e BUJATTI, Eleonora (orgs.). *La Violenza Allo Specchio. Passione e Sacrificio nel Cinema Contemporaneo*. Massa: Transeuropa Edizioni, 2009. (Este livro será publicado na Biblioteca René Girard)

RANIERI, John J. *Disturbing Revelation – Leo Strauss, Eric Voegelin, and the Bible*. Columbia, MO: University of Missouri Press, 2009. (Este livro será publicado na Biblioteca René Girard)

GOODHART, Sandor; JORGENSEN, J.; RYBA, T.; WILLIAMS, J. G. (orgs.). *For René Girard. Essays in Friendship and in Truth*. East Lansing, MI: Michigan State University Press, 2009.

ANSPACH, Mark Rogin. *Oedipe Mimétique*. Paris: Éditions de L'Herne, 2010. (Este livro será publicado na Biblioteca René Girard)

MENDOZA-ÁLVAREZ, Carlos. *El Dios Escondido de la Posmodernidad. Deseo, Memoria e Imaginación Escatológica. Ensayo de Teología Fundamental Posmoderna*. Guadalajara: ITESO, 2010. (Este livro será publicado na Biblioteca René Girard)

ANDRADE, Gabriel. *René Girard: Un Retrato Intelectual*. 2010. (Este livro será publicado na Biblioteca René Girard)

índice analítico

11 de Setembro, 20,
  40, 105, 198, 222
  tragédia do, 177, 241
Acaso, 33, 82
Aldeia global, 78
Alienação
  fonte de, 75
Ambientalismo, 43
Angústia, 190
Apocalipse
  nuclear, 245
Aquecimento
  climático, 33, 65,
  69, 187
Ateísmo, 118
Autonomia
  ilusão de, 88
Bode expiatório, 58,
  121
Cálculo econômico
  lógica do, 128
Caos
  determinista, 165
Capitalismo
  caracterização
    marxista do, 44
  crítica social do, 43
Catástrofe, 19, 253
  ambiental, 69
  atitude diante da, 21
  climática, 246
  da violência, 19
  e o incerto, 33
  estatuto metafísico
    da, 199
  eventualidade da,
    197
  futura, 192
  iminente, 115, 174,
    183
  industrial, 65
  e/ou tecnológica,
    19
  medo da, 176
  perspectiva da, 115
  prevenção da, 22,
    129
  profeta da, 13, 217
  realidade da, 199
  tempo da, 18, 22,
    106, 194
  temporalidade da,
    100, 174
Catastrofismo, 17, 40,
  101, 106, 142, 151,
  169, 203
  aporia do, 205
  coerência do, 210
  crítica do, 109
  dose teórica do, 250
  em processo, 99
  e risco zero, 103
  esclarecido, 257
  ilustrado, 17, 35,
    100, 257
  racionalidade do,
    19, 210, 237, 254
Causalidade
  lei da, 210
Causalismo, 220
Cibernética, 38
Ciências
  cognitivas, 38
  desenvolvimento
    na França das,
    38
Clima
  evolução do, 42
Concepção
  rawlsiana
  superioridade da,
    151
Conhecimento
  análise clássica do,
    174
Consequencialismo,
  54-55, 62, 184-85

fraqueza do, 187
necessidade do
   recurso ao, 187
variante utilitarista
   do, 54
Contraprodutividade,
   69, 99
círculo da, 80
conceito de, 36-37
das instituições
   sociais, 48
dimensão estrutural
   da, 74
dimensão simbólica
   da, 74
e racionalidade, 47
estrutural, 81
social da medicina,
   70, 73
social dos
   transportes, 76
Convivialidade, 99
Cristianismo, 202
Decisão racional
   teoria da, 196
   teoria moderna da,
      133
Deontologia, 54, 56,
   147
Dependência
   causal, 226
   contrafatual, 208
Desconstrução, 43
Desejo
   industrialização
      do, 68
   mimético, 15
Desenvolvimento
   modelo de, 41
   modelo moderno
      de, 40
Destino, 238
   apocalíptico, 255
   efeitos do, 231

Desvio
   de produção
      como sinal de
         inteligência, 53
      princípio de, 51
Dinâmica
   mimética, 90
Discussão
   nuclear, 247
Dissonância
   cognitiva, 79
Dissuasão
   existencial, 248
   nuclear, 241, 248-49
Divulgação
   científica, 207
Dúvida
   epistêmica, 168
   princípio cartesiano
      da, 109
Ecofascismo, 119
Ecologia
   política, 43
Economia
   salvação da, 129
Ecossistema, 162, 163
   complexidade do,
      162
Efeito estufa, 176
Engenharia
   genética, 112
Equilíbrio
   conceito de, 90
   multiplicidade do,
      93
Erro
   possibilidade do,
      255
Escalada da
   violência, 18
Escatologia, 114
Escola de Frankfurt,
   43
Escolástica, 198

Escolha
   racional, 44, 196
   teoria da, 126
Especulação
   mimética, 166
Especularidade
   fenômeno da, 224
Esperança, 15
Essencialismo, 86
Ética
   da dissuasão
      nuclear, 240
   do futuro, 40, 119,
      187, 194, 238
   questão da, 53
   secular, 117
   universalidade da,
      138
Etimologia, 191
Evolução
   destruidora, 178
   técnica, 86, 94
Existencialismo
   sartriano, 189
Exterioridade, 95
Fatalismo, 66, 211,
   231
Fenomenologia, 119
   da ação corrente, 185
Filosofia
   analítica, 119, 153,
      219
   continental, 119
   da ação, 44, 143
   moral, 178, 184,
      243
   de língua inglesa,
      184
Fortuna
   moral, 152, 154,
      156
Futuro
   atualização do, 239
   contingente, 198

278   o tempo das catástrofes

Futurologia, 238
  científica, 236, 254
Globalização, 185
  econômica, 30
Greve
  conceito amplo
    de, 71
Guerra Fria, 241
Herói
  trágico, 211
Heteronomia, 36
Hierarquia
  etimologia de, 46
Hipótese
  causalista, 222, 224
História
  tempo da, 229, 232,
    252
Holocausto, 241
Homem industrial
  alienação do, 79
Ideologia
  em Louis Dumont,
    46
Iluminismo, 14, 117
Imaginação
  matemática, 38
Imitação, 88-89
  descrição
    fenomenológica
    da, 90
  generalizada, 91
  propriedade
    perturbadora da,
    95
  racional da
    irracionalidade,
    251
Imperativo
  categórico, 192, 207
Incerteza
  caráter subjetivo
    da, 160
  científica, 33
  estratégica, 252
  intrínseca, 134
  objetiva, 165-66
  origem da, 33
  subjetiva, 165
Incerto, 145
  comportamento
    racional no, 133
  conceito de, 130
  teoria da decisão
    no, 164
Independência
  contrafatual, 226
Individualismo, 87
  moderno, 62
Infelicidade
  profecia da, 115
Inflação
  médica, 72
Insegurança
  sentimento de, 63
Inteligência
  artificial, 38, 97
Irracionalidade, 177
Irrealidade
  sensação de, 32
Judaísmo
  ortodoxo, 202
Justiça
  princípios
    rawlsianos da, 150
Kantismo, 189
Liberalismo, 60, 116
Literatura
  futuro da, 21
Lógica
  do desvio, 44, 46, 51
  e ética, 47
  e racionalidade
    econômica, 46
  princípio da, 56
  econômica, 46
  imitativa, 92
  intuicionista, 111
Má-fé, 219
Mal
  origens do, 65
Marxismo, 75, 216,
    225
Massa
  fenômenos de, 88
Medicina
  crítica illichiana da,
    100
Medo
  heurística do, 114-
    15, 191, 255
Meio ambiente
  ameaça ao, 28, 159
  crise do, 27
  direito do, 112
  novos riscos no, 127
Metafísica, 199
  atual
    descrédito da, 120
  bergsoniana, 197-
    98, 229
  paradoxo da, 107
  como disciplina
    racional, 207, 218
  da prevenção, 196
  da temporalidade,
    178
  do tempo da
    catástrofe, 107
  imediata, 196
  leibniziana, 21
  possibilidade
    racional da, 120
  tradicional, 196-98,
    207, 219
Misticismo, 121
Modernidade, 42
  como sociedade dos
    ricos, 58
  crítica da, 39, 85
Moral
  cristã, 56

do senso comum,
  185, 187-88
kantiana, 56
Nanotecnologia, 97,
  103
Não ação, 183
Neodarwinismo, 94
Opinião
  reação da, 214
Paradoxo, 12, 14,
  200, 244
  de Allais, 138
  de Ellsberg, 138-39,
  152
Passado
  princípio de fixidez
  do, 227
Pensamento
  estatístico, 110
  pós-moderno, 32, 43
Porvir
  memória do, 231
Poupança
  teoria da, 135
Precaução, 171, 195
  aspecto paradoxal
  do princípio de,
  136
  como atitude diante
  do incerto, 172
  espírito da, 141
  ideia de, 113, 175
  políticas de, 74
  princípio de, 30, 32,
  34, 63, 102, 112,
  125, 127-28, 138,
  169-70, 175
  superação do
  princípio de, 170
  teoria da, 101, 121,
  129
  teoria francesa da,
  113
  teóricos da, 134

Predição, 211
  falsas, 201
Prevenção, 171, 230
  política de, 146
Primeira Guerra
  Mundial, 19, 21
Princípio
  metaético, 161
Probabilidade
  cálculo de, 28, 126,
  132
  conhecimento
  objetivo da, 139
  distribuição da, 132,
  142
  objetiva, 134, 140,
  142, 146
  reduzida, 173-74
  subjetiva, 133, 141,
  164
Produção
  autônoma, 163
  heterônoma, 163
Profecia
  bíblica, 216, 256
  revolucionária, 216
Projeto
  tecnicista, 39
Prudência, 230
  desafio à, 174
  forma moderna da,
  127
Psicologia
  cognitiva, 176
Racionalidade
  concepções inéditas
  da, 159
  consequencialista, 54
  mínima, 242
  padrão de, 152
  processual, 32
Racionalismo
  moderno
  e Leibniz, 45

Razão
  astúcia da, 62
  instrumental, 46, 48
  crítica da, 43
  e lógica do desvio,
  44
  imperialismo da,
  43
Razão moderna
  crítica da, 38
  matriz da, 46
Reciprocidade, 89
Resiliência, 162
Responsabilidade
  concepção
  normativa da, 188
  normativa, 186
  objetiva, 193
  princípio da, 32,
  113, 118, 183, 186,
  219
Ressentimento, 42
Retroação
  negativa, 87
  positiva, 88, 163
Revelação
  retroativa, 156
Risco, 27, 145
  administração do,
  146
  administradores do,
  82, 106, 168
  aversão ao, 59
  como possibilidade,
  102
  comprovado, 131
  conceito de, 130
  de desenvolvimento,
  154, 156
  endógeno, 82
  etiologia do, 34
  exógeno, 82
  gerenciamento, 31
  inaceitável, 109

280 o tempo das catástrofes

instalação industrial
  de, 177
  noção de, 23, 28,
    65, 129
  novo tipo de, 156
  potencial, 131
  prevenção do, 126
  princípio de
    avaliação do, 176
  questão do, 30
  teoria do, 159
Risco zero, 169
  como ideal
    inatingível, 102
  ideal do, 102
Robótica, 97
Sacrifício, 57, 60
  gestão racional do,
    46
Sagrado
  papel do, 75
Salvação
  condição da, 256
Segunda Guerra
  Mundial, 126
Seleção
  natural, 47
Silogismo, 142
  prático, 142
Sistema
  determinista, 165
  de transporte, 78
  futuro do, 84
  técnico, 163
Sociedade
  industrial, 28, 80,
    119
  crítica da, 99
  crítica illichiana
    da, 47
  crítica social da, 43
  projeto tecnicista
    da, 38
  patogênica, 72

Sociedades
  tradicionais
    mitos das, 79
Sublime
  definição de Burke,
    20
  definição de Kant,
    20
  sentimento do, 20
Suicídio
  celular
    autoprogramado,
      257
Técnica
  autonomia da, 87,
    96
  como instrumento
    de meditação, 38
  questão da, 85
Teodiceia
  leibniziana, 104
Teologia, 114, 117-18,
  120
  como disciplina
    racional, 118
Teoria
  da decisão, 28
  da informação, 83
  do jogo, 251
  dos autômatos, 96
  kantiana, 147
Totalidade, 45, 83-84
Totalitarismo, 119
Trabalho
  como desvio de
    produção, 52
  etimologia de,
    50-51
Trágico
  nova consciência
    do, 156
  retorno do, 35
Universalização
  princípios de, 42

Universo
  incerto, 168
Utilidade esperada
  teoria da, 133, 138
Utilitarismo, 57, 62,
  151, 184
  críticos do, 56
Vida
  artificial, 97
Violência
  armas da, 18
Vítima, 60, 69
  sacrificial, 60, 62
Voluntarismo, 216

índice onomástico

Achtemeier, Paul J., 204
Alison, James, 11
Allais, Maurice, 138
Ameisen, Jean-Claude, 257
Arendt, Hannah, 60
Aristóteles, 142, 197, 230, 232
Atlan, Henri, 83
Aubert, Karl Egil, 213
Beck, Ulrich, 58
Beethoven, Ludwig van, 155
Berger, Peter, 59-60
Bergman, Aviv, 24, 255
Bergson, Henri, 12-13, 19-22, 105, 107, 115, 178, 195-96, 199, 233
Bernanos, Georges, 99
Birnbacher, Dieter, 170, 194
Bitbol, Michel, 24
Blumenfeld, Samuel, 178
Bodansky, Daniel, 170, 175
Borges, Jorge Luis, 12, 159, 181, 209-11, 221, 257
Bosquet, Michel, 73, 81
Brodie, Bernard, 248-50, 252
Brouwer, Luitzen Egbertus Jan, 111
Büchner, Georg, 65
Burke, Edmund, 20
Bush, George W., 176
Canto-Sperber, Monique, 23, 55, 102, 118
Charbonneau, Simon, 24
Charpin, Jean-Michel, 23
Clausewitz, Carl von, 231
Conrad, Joseph, 43
Cronos, Diodoro, 230
Cuny, Olivier, 24
David, Dominique, 242
De Glas, Michel, 24
Descartes, René, 109
Domenach, Jean-Marie, 34-35
Doran, Robert, 219
Dormont, Dominique, 169, 173
Dovers, Stephen R., 157, 170
Dubos, René, 69-70
Dumont, Louis, 45-46
Ellsberg, Daniel, 138-39, 141, 152
Ellul, Jacques, 86
Elster, Jon, 23, 44-45, 47
Emerson, Ralph Waldo, 171
Ewald, François, 23, 155-56
Fermat, Pierre de, 28
Fisher, Elizabeth, 157, 166, 170
Fleming, David, 125, 162, 176, 197
Foerster, Heinz von, 12, 38, 83
Freestone, David, 112, 125
Gauguin, Paul, 154-56
Gauthier, David, 240
Gilboa, Itzhak, 139-40

Godard, Olivier, 23, 102, 157, 166
Gollier, Christian, 23, 136
Gorz, André, 73, 81
Greif, Rodolphe, 23
Grinbaum, Alexei, 24
Grivois, Henri, 191
Guery, François, 27, 34, 81, 102, 171-72, 175
Guesnerie, Roger, 235, 254
Guibert, Bernard, 23
Haldeman, Robert, 251
Hampton, Jean, 240
Handmer, John W., 157, 170
Harding, Ronnie, 157, 166, 170
Hayek, Friedrich von, 12, 60-62, 87-89, 94-95
Hegel, Georg Wilhelm Friedrich, 62
Heidegger, Martin, 38, 43, 85, 233
Hermitte, Marie-Angèle, 169, 172-73
Hey, Ellen, 112, 125
Hobbes, Thomas, 116-17
Horps, Michel, 23
Hourcade, Jean-Charles, 157
Huygens, Christiaan, 28
Illich, Ivan, 12, 14, 35-38, 43, 48, 53, 66, 68-69, 73, 77, 83, 99, 100, 117
James, William, 19-20
Jonas, Hans, 12, 32, 40, 66, 73-74, 81, 85, 94, 106, 109, 113-21, 142, 145, 157, 160-62, 164, 170, 181, 183-84, 186-88, 191-92, 194-95, 199, 201, 206-07, 209-10, 216-19, 229, 231, 237-38, 253, 255
Joy, Bill, 96, 197
Kamminga, Menno T., 112
Kant, Immanuel, 20, 60, 120, 138, 147, 192, 232
Kavka, Gregory, 240, 244
Kervern, Georges-Yves, 23
Keynes, John Maynard, 88, 113, 130-31, 135
Knight, Frank, 130-31, 138-39
Koppel, Moshe, 83
Korsgaard, Christine, 232-33
Kourilsky, Philippe, 32, 125, 127, 131, 169, 172
Kubrick, Stanley, 252
Laplace, Pierre Simon, 165
Larrère, Catherine, 23, 102, 115, 183
Larrère, Raphaël, 23
Lee, Steven P., 247
Leibniz, Gottfried, 12, 44-45, 57, 196, 207, 232
Lepage, Corinne, 27, 34, 81, 102, 104, 171-72, 175
Lewis, David K., 207-08, 220-21, 226, 240
Livet, Pierre, 23
Marx, Karl, 61, 96
Massé, Pierre, 235
Matheu, Michel, 23
Mauss, Marcel, 60
Mays, James Luther, 204
Mégie, Gérard, 166, 169
Mill, John Stuart, 210
Minh, Ho Chi, 251
Mongin, Philippe, 23
Montesquieu, Charles de, 213
Morgenstern, Oskar, 133
Nemo, Philippe, 23
Neumann, John von, 28, 96, 126, 133, 167, 196
Nietzsche, Friedrich, 233, 239
Nixon, Richard, 251
Nozick, Robert, 56-57
Ogien, Ruwen, 24
O'Riordan, Timothy, 29, 162-63, 170, 176
Orléan, André, 92, 166
Pascal, Blaise, 28-29, 82, 103, 109, 130
Paté-Cornell, Marie Elisabeth, 146
Pearce, David, 162
Petit, Michel, 24, 42
Petitot, Jean, 23
Pignarre, Philippe, 23
Platão, 174
Poe, Edgar Allan, 171
Ponge, Francis, 189

Popper, Karl, 110
Postel-Vinay, Grégoire, 23
Proust, Marcel, 17
Railton, Peter, 23
Rawls, John, 12, 146-51, 184
Renaut, Alain, 45
Robert, Jean, 35
Roos, Jean-Louis, 83
Rousseau, Jean-Jacques, 125, 214
Russell, Bertrand, 196
Sartre, Jean-Paul, 22, 189-90, 233
Saunders, Peter, 113
Saurel, Pierre, 24
Savage, Leonard, 28, 126, 133-35, 138-40
Sawyer, John, 203-04
Scheffler, Samuel, 55, 185, 187-88
Schmeidler, David, 139-40
Scubla, Lucien, 23
Serres, Michel, 58
Sicard, Didier, 23
Simon, Herbert, 212-13, 216
Smith, Adam, 15, 46, 60, 62, 88
Spielberg, Steven, 58
Spinoza, Bento de, 233
Testart, Jacques, 23
Thoreau, Henry David, 171
Tocqueville, Alexis de, 39-40, 53
Tucker, Gene M., 204
Ulmo, Jean, 35
Velde, François, 24
Viney, Geneviève, 32, 126-27, 131, 169, 172
Von Foerster, Heinz, 12, 38, 83-84, 87, 96, 164, 168, 218, 225
Vuillemin, Jules, 230
Williams, Bernard, 153-54, 156
Wolff, Hans Walter, 204